GÉNESIS DEL FÚTBOL

EL ORIGEN DE LOS GRANDES CLUBES

EDUARDO CASADO

Prólogo: **Sid Lowe**

Génesis del fútbol / Eduardo Casado - 1a ed. - LIBROFUTBOL.com, 2020.
314 páginas; 15,2 x 22,9 cm.

ISBN 978-987-3979-96-5

1. Fútbol. 2. Anécdotas. I. Título.
CDD 796.33

GÉNESIS DEL FÚTBOL
de Eduardo Casado

Diseño de cubierta: Luciano Medvetkin
Maquetación: Luciano Medvetkin
Foto del autor: © Eduardo Casado

LIBROFUTBOL.com
Olga Cossettini 1112 - oficina 8F - Ciudad de Buenos Aires - Argentina
ediciones@librofutbol.com - whatsapp +54 9 11 2215 1982

1ª edición: agosto 2020

ISBN 978-987-3979-96-5

CONTENIDO

Prólogo 7

Introducción 11

PARTE I

Europa 15

España 17

- Real Madrid 19
- FC Barcelona 23
- Atlético de Madrid 27
- Athletic Club 31
- Valencia CF 35
- Sevilla FC 39

Inglaterra 43

- Manchester United 45
- Liverpool FC 49
- Arsenal 53
- Chelsea FC 57
- Manchester City 61
- Tottenham Hotspur 65

Italia 69

- AC Milan 71
- Inter de Milán 75
- Juventus FC 79
- AS Roma 83
- Napoli 87

Alemania 91
Bayern 93
Dortmund 97
Hamburgo 101
Borussia Mönchengladbach 105
Schalke 04 109

Francia 113
Paris Saint-Germain 115
Olympique Lyonnais 119
Olympique de Marsella 123
AS Monaco 127

Países Bajos 131
AFC Ajax 133
Feyenoord 137
PSV 141

Portugal 145
Benfica 147
Porto 151
Sporting CP 155

Bélgica 159
Anderlecht 161

Turquía 165
Galatasaray 167
Fenerbahçe 171

Ucrania 175
Dynamo 177
Shakhtar 181

Rusia 185
CSKA 187
Spartak Moscú 191
Zenit 195

Escocia 199
Celtic FC 201
Rangers FC 205

PARTE II

América . . . 209

Argentina . . . 211
- Boca Juniors . . . 213
- River Plate . . . 219
- Racing . . . 223
- Independiente . . . 227
- San Lorenzo . . . 231

Brasil . . . 235
- Flamengo . . . 237
- Corinthians . . . 241
- Palmeiras . . . 245
- São Paulo . . . 249
- Santos . . . 253

Chile . . . 257
- Colo-Colo . . . 259
- Universidad de Chile . . . 263
- Universidad Católica . . . 267

Uruguay . . . 271
- Peñarol . . . 273
- Nacional . . . 277

Paraguay . . . 281
- Olimpia . . . 283

México . . . 287
- América . . . 289
- Chivas . . . 293

Colombia . . . 297
- Atlético Nacional . . . 299
- América de Cali . . . 303
- Millonarios . . . 307

Agradecimientos . . . 311

Sobre el autor . . . 313

PRÓLOGO

Como todos los mejores cuentos, este empieza en el pub. El fútbol nació oficialmente en The Freemason's Arms, en Londres, cerca de Covent Garden, en octubre del año 1863. O eso nos gusta creer.

Ya se jugaba al fútbol, empezando (dicen) con el Sheffield Football Club, en el norte del país, tierra de minas y acero –club que sigue jugando, por cierto– pero fue aquella noche en aquel pub donde, entre pinta y pinta y más pintas, se fundó The Football Association. Y, como se dice en inglés: *and the rest is history.* Una historia cuyos primeros pasos, club a club, cuenta el libro que tienes entre las manos.

El Sheffield FC se había fundado en octubre de 1857. Ganó 2-0 al Hallam FC 2-0 el día después de Navidad, el famoso *Boxing Day*, en lo que se considera el primer partido oficial de la historia.

Del Sheffield había cuatro representantes en The Freemason's Arms aquella noche. Nathaniel Creswick y William Prest, fundadores del Sheffield, ya habían codificado el fútbol. Así que no, los ingleses no inventamos el fútbol realmente, pero, cuadriculados nosotros, muy de las normas, sí que lo codificamos. Y estas normas sirvieron como base para que en el The Freemason's Arms, se acordara y se escribiera el reglamento del fútbol: *THE RULES AND REGULATIONS OF THE GAME.*

Desde aquel pub, el fútbol se apoderó del mundo. Se ha dicho muchas veces que los colonizadores llegaban con la espada en una mano y la Biblia en la otra, tan *gentlemen* ellos. Y, bueno, en

algunos casos con un balón en el pie. El imperio británico ya no se mira igual: hay elementos que se ven con vergüenza. Pero algo bueno tenía que haber, ¿o no? Pues eso sería el fútbol.

Es algo de lo cual presume este país ya tan presumido. *Football's coming home* y tal. Pues, para poder *come home*, primero tiene que *leave home*. Así que se fue, colonizando a todos. Y el fútbol, con una dinámica propia, popular auténtico, construyó su propio imperio, su dominio. Un imperio que, a diferencia del británico, no cayó nunca. Este libro lo demuestra.

El padre de los hermanos Padrós, catalanes residentes en Madrid, y dueños de El Capricho en la Calle Alcalá, trajo aquellas *RULES OF THE GAME* desde Inglaterra. Los hermanos fundaron el Real Madrid y entre los primeros miembros se encontraban muchos ingleses. De hecho, cuando el Madrid se enfrentó al Barcelona por primera vez en su historia en el hipódromo de la capital –después de haberse primero vacunado debidamente contra el tétano– uno de los que marcó era un tal Arthur Johnson, inglés.

Bueno, no. Realmente era irlandés. También era, según Julián Palacios: "El único que sabe lo que hace... un señor que toma el fútbol muy en serio. Tanto que se casó un sábado, y vino a jugar el domingo por la mañana". No sólo jugó. En el diario *Heraldo del Sport* Johnson también publicó instrucciones para el buen desarrollo de un partido de fútbol.

Lean lo que predicaba Johnson, el muy pesado. Y ríanse. ¡Cómo (¿no?) han cambiado los tiempos!

- "Un partido no debe empezarse a jugar sin que cada *team* tuviera elegido de antemano su respectivo jefe para que éste ordenara y distribuyera a sus hombres como mejor tuviera conveniente. Esta medida tendría además la ventaja de evitar la excesiva charla y discusiones que por desgracia ahora existen.
- Los jugadores deberán jugar siempre en el mismo puesto y no cambiarse de unos a otros, siendo la principal ventaja de esta medida el conocer cada jugador el juego de sus compañeros y aprender a ayudarlos en caso de necesidad o peligro. El sistema

empleado actualmente de que cada jugador cambie continuamente de sitio no es *football.*

• Los jugadores deberían emplear más astucia y agilidad en volver la pelota al juego cuando ésta se sale de las líneas que limitan el campo. Si se llevara esto a cabo bastaría con una hora u hora y media de juego en lugar de las dos o tres que ahora se emplean y que principalmente se dedican a conversaciones, fumar, etcétera.

• Debería también darse mayor atención a la *combination* pues en la actualidad brilla por su ausencia".

Ausencia de combinación: el fútbol inglés, dirán.

El fútbol, al final. Y ojo con lo de fumar, eh, que no lo decía en balde: otro jugador de aquella época recordaba: "Perdimos mucho tiempo fumando y bebiendo". Cosa que, alguno dirá, no es perder el tiempo.

Aquel artículo abrió con una advertencia: hay que tener muy en cuenta lo que dice el señor Johnson, que éste sabe. Y es que a los británicos los veían como pioneros y expertos, gente a la que había que seguir. Hasta cuando no eran británicos. Y ya no tanto, claro. Y quizás con razón.

Había quien no veía con buenos ojos el nuevo deporte, que consistía, según decía una crónica periodística de la época, de "jóvenes sin vergüenza que corren por la calle en calzoncillos... jóvenes y probablemente enfermos mentales".

Pero aun así crecía, y en parte aún por la influencia británica, tan presente en éstas páginas (por algo Eduardo me pidió estas palabras. Por pasaporte, se supone, aunque yo siga preguntándome por qué).

Aquellos que llegaron primero dejaron gran huella. Y para entender quiénes somos hay que entender quiénes hemos sido, saber de dónde venimos, cómo empezó todo. Con quiénes, y qué intenciones. Todo lo cual que se ve aquí, en este maravilloso libro de Eduardo, cuyo defecto más grande –una vergüenza, vamos– es que no haya incluido al Real Oviedo. Para la segunda edición ya rectificará, ¿verdad?

Se dice que el Barcelona es más que un club, y lo es. Lo son todos, ya verás. Dan sentido a nuestra vida. Y, no, no es ninguna exageración. Dan identidad, comunidad, son una parte de nosotros, de millones de personas en el mundo.

Y allí nacieron, en el pub.

Sid Lowe

INTRODUCCIÓN

Dijo Eduardo Galeano que en la vida, un hombre puede cambiar de mujer, de partido político o de religión, pero no puede cambiar de equipo de fútbol. En efecto, el deporte más practicado del planeta Tierra provoca emociones poco igualadas en la vida del aficionado. Dejando a un lado las selecciones nacionales, cuya pasión tiene ingredientes diferentes (nacionalismo, amor a la patria...), pocas cosas en el mundo del deporte despiertan el frenesí que el equipo de fútbol al que uno pertenece, bien sea como socio o como simple aficionado.

Más allá de los antepasados históricos del fútbol, que encontramos en la antigua China, en Grecia, en Roma o la Edad Media, el balompié moderno nace en los colegios privados británicos, y de ahí pasa a las universidades. Cuando estos exalumnos salieron de sus instituciones para enfrentarse a la vida real se llevaron consigo la práctica del fútbol, naciendo así los primeros clubes modernos, a partir de la segunda mitad del siglo XIX.

Los ingleses, siempre viajeros y apegados a sus tradiciones, fueron los que sembraron el veneno de este deporte allá donde tenían intereses comerciales o políticos. A lo largo de esta obra veremos numerosos ejemplos de clubes que tienen su origen en *expats* o británicos que, establecidos en el extranjero, dieron pie a algunos de los principales clubes del planeta. Del mismo modo, otros clubes descritos en esta obra nacieron en instituciones educativas, como ejemplo de la conexión insistentemente repetida en la historia entre deporte y educación.

Tanto unos como otros fueron penetrando en la sociedad y absorbiendo de ella diferentes aspectos, bien sea por su ubicación geográfica, por la profesión de sus miembros o por el momento histórico de su eclosión. Por eso existen tantos ejemplos de clubes que se identifican con una ideología política, o con la idiosincrasia de una barriada, o con el sentimiento de pertenencia a un país o a una región.

Con estos ingredientes se forjó, a largo de las décadas, la pasión que cada equipo arrastra. Conforme fueron llegando los triunfos, los logros o los trofeos, esta bola creció hasta alcanzar el punto de popularidad que alcanzan los clubes actualmente, hasta el punto de que, en algunos casos, presidir uno de los grandes equipos de fútbol equivale a poco menos que presidir el país donde están radicados.

Un accesorio irremplazable de estos amores irracionales es la identidad en forma de colores. En este libro vamos a contar cuáles son los orígenes de las indumentarias de los principales clubes del mundo. Algunas de ellas tienen explicaciones verdaderamente prosaicas, mientras que otras están acompañadas de cierto halo de misterio. Otras, en cambio, homenajean a las vestimentas de otros clubes. Sea como fuere, este aspecto de la cultura del fútbol ha alcanzado cotas inimaginables en términos de mercadotecnia y negocio y resulta interesante aproximarse a los comienzos del mismo.

Algo parecido ocurre con los emblemas de los clubes. La heráldica futbolística oculta curiosas sorpresas en muchos de los casos que analizamos en esta obra, y su evolución recoge también los cambios en las tendencias, en la moda y en la propia sociedad.

Y tan importante, a veces, como los propios clubes, son los protagonistas de sus hazañas. En las próximas páginas, el lector encontrará muchos nombres, seguramente los más importantes de la historia del fútbol, que protagonizaron los momentos gracias a los cuales los clubes de fútbol más destacados del planeta llegaron a ser lo que son.

Ya por último, el lector podrá repasar cuáles son los apodos más conocidos y usados de estos clubes. Para el hincha, su equipo es algo muy cercano, algo de su día a día, y como nos ocurre con familiares y amigos, a veces usamos nombres cariñosos, breves o incluso procedentes del desdén de los rivales, para referirnos a ellos.

Sin más, disfruten de este viaje por las pasiones más inagotables del planeta fútbol.

Parte I
Europa

España

1.

2.

3.

4.

5.

6

REAL MADRID

Real Madrid, en 1902

Elegido mejor club del siglo XX, el Real Madrid es para muchos analistas el más grande equipo del mundo. Su dominio total de la máxima competición internacional de clubes, la Copa de Europa (desde 1992 UEFA Champions League), es el principal argumento para defender tal idea. El club fue fundado en 1902, pero sus orígenes están en 1897, cuando un grupo de estudiantes de la Institución Libre de Enseñanza de Madrid deciden crear la Sociedad de Foot-Ball, el germen de lo que sería el Real Madrid. Esta Sociedad sufrió una escisión en 1900 y en 1901 nace el Madrid Foot-Ball Club, que no fue legalizado hasta 1902, que es el año que se toma como el fundacional. Julián Palacios y los hermanos

Juan y Carlos Padrós (curiosamente, nacidos en Barcelona) son los padres del club. Palacios fue el primer presidente.

Atuendo: Ya en su acta fundacional se indica que el club vestiría con pantalón y camiseta blanca (las primeras medias eran negras), casquete o gorra azul oscuro, una banda morada y un cinturón con los colores de la bandera de España. Sobre los orígenes del blanco como color principal del club, es comúnmente aceptado que el club madrileño los tomó del Corinthian FC, que fue uno de los clubes destacados de la Inglaterra victoriana (que, no obstante, lucía pantalón negro, tal y como hace el Corinthians brasileño, heredero directo de este club inglés). Aun así, hay versiones que apuntan a que el club eligió el blanco como color debido a que era el color común de la ropa deportiva de la época y que la asociación con el Corinthian fue posterior.

Emblema: El primer emblema del Real Madrid respondía a un sencillo esquema que muchos clubes de finales del siglo XIX y principios del XX: las siglas del club con letras entrelazadas. Así, una M, una C y una F formaron el primer escudo del Madrid (1). Curiosamente, el club madridista se ha movido poco de ese origen, ya que en 1908 se mantuvo el esquema de las letras entrelazadas, pero ya en la disposición que vemos en el actual escudo. Se rodeó de una circunferencia, naciendo así la famosa silueta del emblema madridista (2). En 1920, por orden del rey Alfonso XIII de España, el club recibe el calificativo de 'Real', lo cual supone no solo el cambio de nombre, sino que permite al club incorporar una corona a su escudo (3). En la etapa de la III República el escudo perdió la corona pero se incorporó una banda morada al fondo, en referencia al primer uniforme del equipo (que a su vez recogía de alguna manera los colores históricos de la región de Castilla) (4). Al acabar la Guerra Civil, regresó la corona y las líneas se volvieron doradas (5). En 2002 se hizo un rediseño del escudo, cuyo cambio más destacado fue que la franja pasó del color morado al azul (6).

Estrellas de su historia. Si algo ha hecho grande al Real Madrid han sido sus jugadores. Quizá el más destacado sea el que para muchos es uno de los cinco mejores futbolistas de todos los tiempos: Alfredo di Stéfano. Paco Gento, Juan Gómez 'Juanito', Emilio Butragueño, Raúl González o, más recientemente, Cristiano Ronaldo o Sergio Ramos, son otros nombres destacados que han formado parte de la plantilla madridista a lo largo de su historia.

Rivalidades: el gran rival histórico del Real Madrid en España es el FC Barcelona, no sólo en lo deportivo, sino también en lo social e incluso en lo político. Los partidos que ambos disputan en la Liga española, conocidos como 'El Clásico' desde hace unos años, son fenómenos televisivos a nivel mundial, con audiencias millonarias. A nivel local, el eterno enemigo del Real Madrid es el Atlético de Madrid, con el que disputa el llamado derbi madrileño. En Europa, el club blanco tiene históricas rivalidades con el Bayern de Múnich, la Juventus o el Liverpool.

Apodos: el apodo más tradicional del Real Madrid en España es 'los merengues', debido al color blanco de sus equipaciones. Al club como entidad también se le conoce como 'La Casa Blanca', por idéntico motivo y en un guiño hacia el poder que ostenta el presidente de Estados Unidos. A los aficionados madridistas también se les llama 'vikingos'. El origen de este apelativo está en la afición rival del Atlético de Madrid, en tono despectivo por las cornamentas con las que se representa tradicionalmente a los guerreros nórdicos. El nacimiento de este mote también coincidió con una época en la que el Real Madrid contaba con jugadores de origen centroeuropeo como los alemanes Stielike, Breitner o Netzer.

1.

2.

3.

4.

5.

FC BARCELONA

El FC Barcelona, en 1903

El Barcelona, comúnmente conocido como el Barça, es el otro gran equipo español y otro de los grandes de Europa, sobre todo desde la llegada de Johan Cruyff, una de las principales estrellas de la historia del fútbol, en la década de los 70. El club nació en 1899, cuando Hans Gamper, un futbolista suizo afincado en la ciudad condal y que ya había creado el FC Zürich en su ciudad natal, escribió una carta en un periódico local buscando candidatos para crear un equipo barcelonés. En noviembre de aquel año, seis jóvenes locales y otros seis extranjeros fundaron el FC Barcelona. El primer presidente fue el también suizo Walter Wild. El 8 de diciembre de 1899 disputaron su primer partido ante un

combinado de ingleses residentes en Barcelona, con victoria para estos últimos por un gol a cero.

Atuendo: Los colores propios del club son el azul y el grana desde el primer partido que disputaron ya en 1899. No existe certeza acerca del motivo por el que el club catalán luce estos colores, aunque la más aceptada es que los eligió Hans Gamper por ser los colores del FC Basilea, equipo suizo en el que el fundador jugó antes de establecerse en Barcelona. Existen otras teorías menos creíbles, como que Gamper eligió los colores heráldicos del cantón suizo de Tesino, donde residía una hermana suya, o que el alemán Otto Maier, uno de los 12 socios fundadores del club, lo propuso por ser los colores de su ciudad natal, Heidenheim. Pese a que la tradicional disposición de los colores azulgranas es a barras o franjas verticales, lo cierto es que el primer uniforme del Barça no era a franjas, sino que la camiseta estaba dividida en dos mitades, una azul y la otra granate. Curiosamente, el blanco fue el color que el club usó en sus primeros años para su pantalón, algo que hoy sería impensable, por ser el color de su gran rival, el Real Madrid. En 1910 se adoptaron las franjas verticales estrechas y tras unos años con el pantalón negro, en 1923 adoptaron el azul. El uniforme ha sufrido diversas variaciones a lo largo de los años: se ha recuperado para algunas temporadas el diseño en dos mitades, las franjas han sido horizontales y, más recientemente, se ha adoptado un peculiar uniforme a cuadros, al estilo de la camiseta de la selección nacional de Croacia.

Emblema: en sus primeros años, el FC Barcelona lució en sus uniformes el escudo de la ciudad de Barcelona, que recoge las cuatro barras catalanas (rojas sobre fondo dorado) y la cruz de San Jorge (roja sobre fondo blanco) (1). En 1910, Hans Gamper decidió crear un escudo propio y se abrió un concurso. El diseño ganador fue el de Carles Comamala, exjugador del equipo. El emblema, que ha variado muy poco desde entonces, tiene forma de 'olla' y está dividido en dos mitades. En la superior encontramos la cruz de San Jorge y las cuatro barras catalanas y en la de abajo, franjas azulgranas y un balón clásico. Ambas mitades quedan separadas por una banda con las siglas 'FCB' (2), si bien entre 1941 y 1974, estas siglas fueron 'CFB' (3).

Estrellas de su historia: Pocos clubes del mundo pueden presumir de haber tenido en sus filas a al menos tres de los mejores jugadores de todos los tiempos. Johan Cruyff es la principal referencia del club, no sólo como jugador sino también como entrenador: con él como técnico nació la filosofía de juego que en las últimas décadas ha hecho famoso al equipo. Es, además, el técnico con el que el Barça ganó su primera Copa de Europa. Además del holandés, en el Barcelona han jugado Diego Armando Maradona y desde hace años, la gran estrella es Lionel Messi, para muchos el mejor futbolista de la actualidad. Ronaldo, Romário, Ronaldinho, Xavi, Iniesta, Puyol, Guardiola o Busquets son algunos de sus más destacados jugadores.

Rivalidades: el gran rival del FC Barcelona es el Real Madrid. Pese a que el equipo blanco supera el palmarés del azulgrana en cuanto a campeonatos de Liga y Copas de Europa, el FC Barcelona destaca en cuanto a Copas del Rey. En la ciudad de Barcelona, su gran rival es el RCD Espanyol, un enfrentamiento tradicionalmente muy desigual, pero que se iguala en el terreno de juego por el significado que tiene para los hinchas y jugadores del equipo 'perico'. Este duelo, además, tiene un fuerte trasfondo político.

Apodos: el club es más comúnmente conocido como Barça, una abreviatura que procede de la pronunciación catalana del nombre de la ciudad (aproximadamente, *Barsalona*). Este sobrenombre también puede encontrarse como 'Barsa', aunque es más común la forma con 'ç'. Los colores del equipo dan pie a los apelativos azulgrana y blaugrana (en catalán), mientras que a los hinchas también se les conoce como 'culés'. El origen de este apodo está en los años 20, cuando el club jugaba sus partidos en un campo en la calle Industria. Ya entonces atraía a numerosos aficionados, que se veían obligados a sentarse en el muro que rodeaba el campo. Desde el exterior quedaban muy visibles los traseros de los hinchas, que empezaron a recibir el nombre de *culers* (de la palabra catalana *cul* o culo), que derivaría posteriormente en 'culés'.

1.

2.

3.

4.

5.

6.

ATLÉTICO DE MADRID

Atletico Madrid, en 1911

Nacido como una franquicia del Athletic Club bilbaíno, pronto el Atlético de Madrid se convirtió en uno de los grandes equipos de España. Fundado en 1903 por un grupo de estudiantes vascos que querían replicar en la capital española el modelo de Bilbao, se mantuvo como una sucursal durante sus primeros años de existencia, de tal modo que ambos equipos no podían enfrentarse en partido oficial ni disputar la misma competición porque eran, de hecho, el mismo club. No obstante, en apenas cuatro años el filial madrileño se independizó de su matriz y en 1907 se constituyó como club de pleno derecho. Años después, hispanizaría también su nombre. De cualquier modo, la relación entre ambos equipos

fue muy estrecha, como más adelante veremos, hasta el punto de compartir colores tanto antes como después de la desvinculación del Atlético del Athletic.

Atuendo: los primeros colores del Atlético de Madrid fueron los del Athletic Club bilbaíno, es decir, camiseta azul y blanca en dos mitades, pantalón y medias azules. El equipo vasco las adoptó de manos de uno de sus fundadores, Juan Moser, que era de origen irlandés y que trajo un juego de uniformes del Blackburn Rovers. En 1910, Juan Elorduy, jugador del equipo madrileño, viajó a Inglaterra para adquirir nuevas equipaciones y renovar las antiguas tanto para el club bilbaíno como para el de la capital de España. No se sabe si por un despiste o porque las camisetas blanquiazules estaban agotadas, Elorduy llegó al último día de su viaje a Inglaterra sin equipaciones. Ya en Southampton, ciudad en la que tenía que tomar un ferry de vuelta a Bilbao, decidió comprar 50 camisetas del equipo local, el Southampton FC, que eran rojiblancas a franjas verticales. A su llegada a España, Elorduy entregó 25 camisetas a los bilbaínos y las otras 25 las guardó en casa de sus abuelos. Pese a las reticencias de algunos socios, el club vasco adoptó los nuevos colores. Dos años después, tras un amistoso entre el Athletic y el Atlético, los madrileños pidieron las otras 25 camisetas rojiblancas. El Atlético mantuvo el pantalón azul del Blackburn Rovers, hasta la actualidad.

Emblema: al igual que ocurrió con los uniformes, entre 1903 y 1911 el Atlético de Madrid compartió escudo con el Athletic Club: un cinturón azul en cuyo interior se insertaron las letras A y C, por Athletic Club, si bien en el caso del equipo madrileño, el fondo donde se situaban las letras era marrón, por representar un balón (1). En 1917 se adopta un modelo más parecido al actual, con el oso y el madroño (símbolos de Madrid), las siete estrellas de la Comunidad madrileña y las barras rojas y blancas (3). En la etapa de Guerra Civil (1939) y años posteriores, cuando por su vinculación con el Ejército del Aire el equipo se llamó Atlético Aviación, al escudo se le añadieron unas alas, que desaparecieron en 1947 (4). El escudo se mantuvo más o menos inalterado hasta que en 2017, en una polémica decisión, el club decidió rediseñar el emblema, redondeando sus formas, reorientando el oso y el madroño y simplificando los colores (6). En la actualidad existe un fuerte movimiento de oposición a este rediseño en la afición rojiblanca.

Estrellas de su historia: Luis Aragonés es, quizá, el jugador y posteriormente entrenador más simbólico del club. De su época son también José Eulogio Gárate y Adelardo. El brasileño Luiz Pereira, el portugués Paulo Futre, los argentinos Diego Pablo Simeone y Kun Agüero, los uruguayos Forlán y Godín y el francés Griezmann son estrellas más recientes. En cuanto a jugadores españoles, destacan de esta última época el lateral Juanfran, los medios Koke, Gabi y Saúl y sobre, todo, Fernando Torres, que llegó a ser capitán con 19 años y regresó tras una etapa en Inglaterra e Italia y tras haber ganado un Mundial y dos Eurocopas con la selección española.

Rivalidades: el gran rival del Atlético de Madrid es su vecino en la capital, el Real Madrid, con quien protagoniza el derbi madrileño. Durante muchos años fue muy desigual, hasta que con la llegada de Simeone al banquillo rojiblanco, las fuerzas se han igualado. También se ha reavivado la rivalidad con el FC Barcelona y a menor nivel, los duelos con el Sevilla FC son también muy tensos.

Apodos: el principal apodo es el de 'colchoneros', mote que nació con la adopción de las franjas rojiblancas como uniforme. El motivo es que en la primera mitad del siglo XX, los colchones en España solían estar forrados de una tela a franjas rojas y blancas. Al igual que los aficionados del Real Madrid son conocidos como 'vikingos', los del Atlético son 'indios'. Se cree que el motivo de este mote procede del hecho de que los hinchas atléticos odian a los blancos (a los madridistas) y acampaban al lado del río (en referencia al antiguo estadio Vicente Calderón, situado en la ribera del río Manzanares). También tiene relación este mote con la presencia, en los 70, de jugadores latinoamericanos en el equipo, algunos de ellos con el pelo largo.

1.

2.

3.

ATHLETIC CLVB
X X
BILBAO
4.

ATLETICO
X X
BILBAO
5.

ATHLETIC CLUB
X X
BILBAO
6.

ATHLETIC CLUB

El Athletic Club, en 1903

El Athletic Club es, por historia y tradición, uno de los grandes equipos españoles. Junto a Real Madrid y FC Barcelona, es el único que no ha descendido nunca de la máxima categoría. Fue fundado en el año 1898 por miembros del gimnasio Zamacois de Bilbao, a imagen y semejanza de los clubes ingleses que conocieron gracias a los marineros británicos que jugaban al fútbol en Bilbao. En el año 1903, se integró en el club una organización posterior que tenía el nombre de Bilbao Football Club, dando lugar al equipo actual. El éxito del Athletic dio pie a la fundación en

Madrid de una sucursal, que como hemos visto el capítulo anterior, acabó convirtiéndose en un club de pleno derecho y diferenciado, llamado Atlético de Madrid.

Atuendo: como hemos visto en el capítulo anterior, el Athletic Club luce camiseta a franjas verticales rojas y blancas, con pantalón negro. Es el esquema del Southampton FC, debido a que uno de los socios del club (en realidad, de la sucursal madrileña), llamado Juan Elorduy, llevó a España desde Inglaterra un juego de equipaciones de los *Saints*, que sustituyeron a unas del Blackburn Rovers (camiseta azul y blanca a dos franjas) aportadas por el socio Juan Moser en 1902. Hasta esa fecha, el Athletic jugaba sus partidos con camiseta y pantalón blancos. Al igual que su pariente madrileño, las segundas equipaciones suelen estar inspiradas en el color azul, pero recientemente también se ha recurrido a los colores verde, blanco y rojo, que son los de la bandera del País Vasco o *ikurriña*.

Emblema: el primer escudo del Athletic Club era, como hemos visto en el capítulo dedicado al Atlético de Madrid, un cinturón azul con las letras C y A en su interior, si bien en este caso el fondo era azul (1). Con el cambio de uniforme, en 1910, el escudo pasa a ser una bandera a franjas rojas y blancas con las letras C y A en su esquina superior izquierda. En 1913 a esa bandera se le añade un balón (2) y en 1922 nace un esquema similar al actual: un triángulo con símbolos de la ciudad de Bilbao (el puente y la iglesia de San Antón y los lobos de la familia Haro, fundadores de la ciudad) y de la provincia de Vizcaya (el árbol de Gernika y dos cruces de San Andrés), con el resto del escudo conformado por franjas rojas y blancas y en ellas, las siglas 'A' y 'C' en negro (3). En 1941 nace la versión actual del escudo, ya con el nombre del club escrito en la parte superior y el de la ciudad en la inferior (este hecho suele llevar al error de denominar al equipo 'Athletic de Bilbao', nombre que no es el oficial. En realidad, el nombre completo es simplemente Athletic Club) (4). Destacar también que entre 1941 y 1974, el nombre del club fue Atlético de Bilbao, ya que el régimen de Franco no permitía nomenclaturas de origen extranjero.

Estrellas de su historia: el delantero Telmo Zarra es, seguramente, la principal estrella histórica del club. Otro delantero histórico del club es Pichichi, que da nombre al premio al máximo goleador en España y a cuyo busto, situado en el estadio San Mamés, llevan flores los equipos que por primera vez juegan en casa del Athletic. José Ángel Iríbar, Andoni Zubizarreta, Andoni Goikoetxea, el delantero Dani o más recientemente, Joseba Etxeberria, Julen Guerrero o Aritz Arduriz, son otras de sus estrellas. Se da la circunstancia que el Athletic Club sigue una estricta (y autoimpuesta) política que le impide fichar jugadores no nacidos en el País Vasco (en sus inicios, sólo se permitía el fichaje de jugadores nacidos en la provincia de Vizcaya). Con los años, esta norma se ha ido adaptando y se pueden fichar jugadores nacidos en el País Vasco histórico (incluida Navarra y provincias del País Vasco Francés) o formados en la cantera del Athletic Club o en la cantera de cualquier equipo vasco, independientemente de su lugar de nacimiento.

Rivalidades: a nivel regional, el Athletic mantiene rivalidades con la Real Sociedad y con el Osasuna, si bien los partidos que enfrentan al equipo rojiblanco con estos clubes suelen estar marcados por el buen ambiente y la sana rivalidad. A nivel nacional, el gran rival del Athletic fue el Real Madrid. Si bien el equipo blanco sigue siendo uno de los que más motivan al aficionado del equipo vasco, el descenso de rendimiento del Athletic desde la década de los 90 ha rebajado esta rivalidad.

Apodos: a los jugadores del Athletic se les conoce tradicionalmente como ‘Los Leones’. El origen de este apelativo está en el estadio del club, San Mamés, que recibe el nombre de una ermita situada junto a los terrenos donde se erigió el primer campo con esta denominación. Mamés fue un mártir cristiano del siglo III, procedente de la región de Capadocia, que fue sometido a tormento en el circo romano y arrojado a los leones. Según la tradición, las fieras no le atacaron, sino que mansamente se situaron a sus pies. El santo es representado con dos leones y de ahí el apelativo de los jugadores. Curiosamente, en el caso de los jugadores de las categorías inferiores, se usa el apelativo de ‘cachorros’.

1.

2.

VALENCIA C.F.

3.

VALENCIA CF

El Valencia, en 1920

El cuarto equipo en la clasificación histórica de la Liga española es el Valencia CF, así como también el cuarto en cuanto a títulos nacionales. Más joven que otros grandes clubes españoles, el Valencia nació en el año 1919 tras la disolución de diversos equipos de la ciudad. El club nació en un bar, el Torino, y su primer presidente fue Octavio Augusto Milego. En muy pocos años, el Valencia logró ponerse a la altura de los grandes equipos históricos y en 1931 ya jugó su primera final de Copa. En los años 60 llegaron los primeros éxitos europeos y excepto un bache a mediados de la década de los 80, cuando el equipo descendió a

segunda división, el Valencia ha ocupado casi siempre puestos importantes en el campeonato nacional español.

Atuendo: Desde su fundación, el uniforme del Valencia ha sido predominantemente blanco. La primera equipación del Valencia fue camiseta y pantalón blanco, con medias negras. Estos colores son herederos de los del Foot-ball Club Valencia, cuya camiseta era blanca. El origen de este atuendo es tan poco original como que era el color convencional para la ropa deportiva a finales del siglo XIX y principios del siglo XX. Más originales han sido siempre las segundas equipaciones, que tradicionalmente han variado desde el azul al magenta, si bien recientemente han sido más comunes el naranja (el cítrico es el fruto más característico de la provincia de Valencia) y los colores de la *senyera* o bandera de la Comunidad Valenciana. Este diseño, de franjas rojas y doradas y adornos en azul, se estrenó en los años 70 y posteriormente ha sido rescatado por los fabricantes modernos, con gran éxito entre la afición de equipo valenciano.

Emblema: el elemento más característico del escudo del Valencia CF, presente desde los inicios del club, es la presencia de un murciélago (en valenciano *rat penat*) coronando el emblema. Este murciélago está presente en el escudo de la ciudad y tiene su origen en el rey Jaime I de Aragón, que lo incorporó a su emblema heráldico después de que, según la tradición, viera a uno de estos animales en plena campaña para conquistar la ciudad y lo tomara como buen augurio. En realidad, se cree que el murciélago es una deformación del dragón que la Corona de Aragón usaba como animal heráldico. En cuanto al resto del escudo, consta de las barras amarillas y doradas y un balón de estilo clásico. Estos elementos estaban en el primer escudo del club, pero de manera desordenada. El fondo lo marcaba el balón. Sobre él, el murciélago, la corona del Reino de Valencia, un rombo y con las barras amarillas y doradas y las letras C y V a los lados (de 'Club Valencia') (1).

Estrellas de su historia: el argentino Mario Alberto Kempes, que jugó en el Valencia a finales de los 70 y principios de los 80, es quizá la mayor estrella de la historia del club, que ha tenido a jugadores destacados como Mundo, Eizaguirre o Waldo en sus primeras etapas, o David Villa, Albelda, Carboni, Baraja, Mendieta o el 'Piojo' López más recientemente.

Rivalidades: a nivel local, el rival del Valencia es el Levante UD, equipo radicado en Valencia ciudad, pero de carácter más modesto. Pese a la rivalidad entre ambos, son numerosos los jugadores que han vestido las camisetas de ambos equipos. Como permanente aspirante a ser el tercer equipo de España, el Valencia mantiene fuertes rivalidades con Real Madrid, FC Barcelona y Atlético de Madrid. Más recientemente, y debido a la proximidad geográfica y a sus éxitos, el Valencia ha encontrado en el Villarreal CF otra rivalidad en el campeonato nacional de Liga.

Apodos: al Valencia CF se le conoce tradicionalmente como el equipo *ché*. Es un origen muy curioso porque *ché* es una expresión, o más bien interjección típica de Valencia, que inicia o finaliza las frases, similar al 'eh' o al 'oye'. Otro apodo del club es el de *taronja*, que es la voz en lengua valenciana que recibe la naranja, el cítrico que es el principal fruto de la zona.

1.

2.

SEVILLA FC

El Sevilla, en 1909

El Sevilla FC es uno de los equipos más antiguos de España y uno de los más exitosos a nivel europeo, sobre todo en años recientes. Como tantos y tantos equipos en el mundo, fue fundado a finales del siglo XIX por británicos expatriados. En su caso, fue el 25 de enero de 1890 cuando un grupo de británicos, en su mayoría escoceses, y algunos españoles decidieron crear en la ciudad un equipo de fútbol como los de las Islas Británicas, y que llevara el nombre de Sevilla. El primer presidente del club fue Edward Farquharson Johnston, vicecónsul británico en Sevilla y el primer capitán, un escocés llamado Hugh McColl.

Atuendo: el Sevilla FC viste desde sus orígenes con camiseta y pantalón blanco. Como en tantos otros casos, este esquema se debe que a finales del siglo XIX, las prendas de ropa de color blanco eran más fáciles de conseguir. No obstante, en un principio el blanco no era el color elegido. El equipo iba a lucir una camiseta de franjas verticales rojas y blancas, a imagen y semejanza del Sunderland inglés. El motivo es que muchos de los fundadores del club pertenecían a una empresa naviera con sede en esta ciudad inglesa. Se da la circunstancia de que las camisetas del Sunderland no llegaron a tiempo para el primer partido de la historia del club (en 1909 ante el Recreativo de Huelva) y se usaron camisetas y pantalones blancos. Finalmente, se decidió que ese sería el uniforme del club. No obstante, en algunas etapas se han usado camisetas rojiblancas, sobre todo como segunda equipación y el rojo es el color secundario del club, usado en ribetes, cuellos, mangas...

Emblema: el escudo del Sevilla FC está dividido en tres partes. En la parte superior izquierda están representados los tres santos de la ciudad: san Isidoro, san Fernando y san Leandro. En la parte superior derecha están, entrelazadas, las tres letras que forman las iniciales del club, 'SFC'. En el centro hay un balón clásico y en la parte inferior, franjas rojas y blancas. Este escudo se usa desde 1921 (2). Antes (entre 1905 y 1921), se utilizaban las tres siglas en el interior de una circunferencia como emblema (1).

Estrellas de su historia: Arza, Busto o Campanal II son algunos de los jugadores históricos del Sevilla FC en sus primeros años. Más recientemente, cabe destacar nombres como los de Frédéric Kanouté, Jesús Navas, Dani Alves, Ivan Rakitic, Luis Fabiano, Enzo Maresca o los tristemente desaparecidos Antonio Puerta o José Antonio Reyes. Cabe destacar la etapa que pasó en el club hispalense Diego Armando Maradona (temporada 1992/1993).

Rivalidades: el principal rival del equipo es el otro equipo sevillano, el Real Betis, protagonizando uno de los derbis más calientes del fútbol español. Otros rivales históricos del club andaluz son los dos madrileños, el Real Madrid y, más recientemente, el Atlético de Madrid.

Apodos: el equipo tiene apodos más o menos convencionales como el de sevillistas, hispalenses (por el nombre romano de la ciudad de Sevilla, Híspalis) o nervionenses (porque el estadio del club, el Ramón Sánchez Pizjuán, está en el barrio de Nervión), aunque sus hinchas también son conocidos como 'palanganas'. El mote se origina en los aficionados del Betis, que comparan los colores del Sevilla (blanco con ribetes rojos) con el de las palanganas, un tipo de jofaina o vasija que se usaba antaño para la higiene personal.

INGLATERRA

CONCILIO ET LABORE
1.

MANCHESTER UNITED
FOOTBALL CLUB
2.

MANCHESTER UNITED
FOOTBALL CLUB
3.

MANCHESTER
UNITED
4.

MANCHESTER UNITED

El Manchester United (entonces aún Newton Heath), en 1892-93

El Manchester United es, sin lugar a dudas, uno de los más grandes clubes del planeta. Es el equipo más laureado de la cuna del fútbol, Inglaterra, es el equipo con más campeonatos nacionales y su fama trasciende las fronteras de Reino Unido, ya que es uno de los clubes con más seguidores en el extranjero, sobre todo en Asia. Este arrastre de masas convierte al club mancuniano en uno de los más ricos del mundo. Nació en 1878 como Newton Heath LYF Football Club en el seno de la compañía ferroviaria Lancashire and Yorkshire Railway. En 1902 se produjo un cam-

bio de propietario y con él un cambio de nombre: el Manchester United.

Atuendo: los primeros colores del Manchester United (o mejor dicho, del Newton Heath), eran dorado y verde, los colores de la empresa de ferrocarril en la que trabajaban los jugadores. Anteriormente habían disputado partidos con una camiseta blanca con una banda azul, pero no se consideran colores oficiales del club: eran camisetas baratas a las que recurrían los futbolistas para jugar al fútbol. En 1887 empezó a usarse una camiseta roja y blanca a dos mitades. El rojo es el color principal en el escudo heráldico de la ciudad de Manchester. Hubo un retorno al verde y dorado, se probó con el verde y no fue hasta 1902, con la nueva denominación, cuando se estrenó el uniforme clásico del United, que todos conocemos: camiseta roja, pantalón blanco y medias negras, que se ha mantenido más o menos inamovible hasta la actualidad, con ligeras variaciones (casi siempre de mano de las marcas deportivas) dependiendo del año.

Emblema: El primer emblema del club fue el de la ciudad de Manchester, que ya siempre sirvió de base para el escudo del club (1). En 1969 se creó el escudo propio del club, tomando del anterior el barco, que simboliza el carácter comercial del puerto de Manchester (curioso, si tenemos en cuenta que el club nació en una compañía ferroviaria) y las tres franjas diagonales del escudo, más el nombre del equipo (2). Pero en 1970 nació el concepto actual del escudo. Junto al barco encontramos la silueta de un diablo rojo, en referencia al apodo principal del club (como veremos en siguiente epígrafe). Dos balones (originalmente eran dos rosas) y dos bandas con el nombre del club ('Manchester United' arriba y 'Football Club' abajo) completan el escudo (3). En 1998, al escudo se le quitó 'Football Club' y sólo quedó 'Manchester United' (4).

Estrellas de su historia: Bobby Charlton, Denis Law y George Best son, sin el menor género de dudas, las grandes estrellas históricas del club, que de hecho los homenajea con una estatua de bronce cerca de una de las entradas del estadio de Old Trafford. En años más recientes, Eric Cantona, Peter Schmeichel, Ryan

Giggs, David Beckham, Gary Neville o Paul Scholes han sido los principales estandartes.

Rivalidades: el club tiene dos grandes rivalidades: una local, con el Manchester City, y otra nacional, con el Liverpool FC. En el primer caso, United y City disputan el derbi de Manchester, otrora habitualmente favorable para el United pero más recientemente, con la llegada de inversores extranjeros al equipo *citizen*, más igualado. Pero la rivalidad es más enconada con el Liverpool FC. Ambos clubes compiten por la hegemonía del fútbol en Inglaterra y también en Europa. Además, existe un componente social en esta rivalidad, ya que ambos clubes representan a las dos principales ciudades industriales de Inglaterra.

Apodos: el Manchester United es conocido como los '*Red Devils*' o 'Diablos Rojos', hasta el punto de que este apelativo está recogido en su escudo. El origen del mote está en el rugby-liga, en concreto en el equipo de Salford, una localidad cercana a Manchester y perteneciente a su conurbación. Este equipo realizó una gira en Francia en los años 30 y allí fue bautizado por la prensa local como *les diables rouges* por su estilo de juego agresivo y efectivo. En los años 60, y aprovechando la coincidencia de los colores, el mítico entrenador del Manchester United Matt Busby decidió adoptar el mote también para el equipo de fútbol, hasta la actualidad.

LIVERPOOL FOOTBALL CLUB

1.

DEUS NOBIS HAEC OTIA FECIT
LIVERPOOL FOOTBALL CLUB

LIVERPOOL
FOOTBALL CLUB

2.

L.F.C.

3.

LIVER POOL
FOOTBALL CLUB

4.

LIVER POOL
FOOTBALL CLUB

YOU'LL NEVER WALK ALONE
LIVERPOOL
FOOTBALL CLUB
100 YEARS
1892—1992

5.

YOU'LL NEVER WALK ALONE
LIVERPOOL
FOOTBALL CLUB
EST. 1892

6.

YOU'LL NEVER WALK ALONE
LIVERPOOL
FOOTBALL CLUB
EST 1892

7.

L.F.C.

8.

LIVERPOOL FC

El Liverpool, en 1892-1893

Si el Manchester United es el equipo más dominador de los torneos locales en Inglaterra, el mejor equipo inglés en Europa es el Liverpool FC. El equipo *red* es uno de los más famosos del mundo y acumula hinchas a lo largo del planeta, que entonan el himno no oficial del club, la canción *You'll Never Walk Alone,* con la fe de un religioso. El Liverpool fue fundado en 1892 y surgió como una escisión del Everton FC. John Houlding, dueño de los terrenos de Anfield Road, tuvo en enfrentamiento con la directiva del Everton y decidió fundar su propio equipo, al que bautizó con el nombre de la ciudad. Desde entonces, el club fue ganando popularidad y con los años superó en palmarés al Everton.

Atuendo: el Liverpool es el club que viste de rojo por excelencia. Curiosamente, no en toda su historia vistió totalmente de rojo. Su primera camiseta fue azul y blanca a mitades, un uniforme antiguo del Everton. En 1896 adoptaron el rojo y el blanco, colores municipales de la ciudad de Liverpool, con pantalón blanco. Este esquema se mantuvo hasta el año 1965, cuando el mítico entrenador Bill Shankly propuso que el uniforme fuera enteramente rojo. Según relató el futbolista escocés Ian St. John, Shankly creía que un uniforme enteramente rojo podría ir aparejado de un componente psicológico, por ser el rojo el color del peligro y del poder. Desde entonces, el equipo se ha mantenido fiel a estos colores, que han dado al club incluso el apelativo por el que son conocidos, como veremos más adelante.

Emblema: el escudo del Liverpool está basado en el *liver bird*, el pájaro cuasi mitológico que sirve de emblema de la ciudad. Normalmente se representa como un cormorán, un ave acuática frecuente en la zona, aunque también se cree que puede estar inspirado en el ibis. Data del año 1350 y su nombre está relacionado con el de la ciudad. El primer escudo del equipo (1892-1935) representa a este ave, flanqueado por dos dioses marinos, Neptuno y Tritón, y sobre el conjunto el lema latino *Deus Nobis Haec Otia Fecit* ("Dios nos ha dado esta tranquilidad"). Estos elementos proceden directamente del escudo de la ciudad de Liverpool (1). Tras la II Guerra Mundial el escudo cambió y se simplificó, con el *liver bird* como elemento central pero ya sin reminiscencias al blasón local (2). En 1955 el escudo se simplifica aún más, quedándose en un óvalo con el pájaro dentro y bajo él, las iniciales del equipo (3). En 1970 se encuadra el ave en un escudo y se añade abajo el nombre del club (4). En 1992, con motivo del centenario del equipo, se añaden los elementos que configuran hoy el logo actual: dos llamaradas, que simbolizan el fuego perpetuo que arde en Anfield en memoria de las víctimas del desastre de Hillsborough (en un partido de la FA Cup en 1989, disputado en el estadio de Hillsborough, Sheffield, 96 hinchas del Liverpool murieron en una avalancha) y como corona, un detalle de las *Shankly Gates*, la reja de uno de los accesos del estadio, y el famoso lema *You'll Never*

Walk Alone (Nunca caminarás solo), procedente de una canción del musical *Carousel* y que popularizaron en Inglaterra un grupo de Liverpool llamado Gerry & The Peacemakers (5). En 2012, y para los uniformes de juego, se adopta una versión simple del escudo, consistente tan solo en el *liver bird* y las iniciales del club bajo sus patas (8).

Estrellas de su historia: es innumerable la cantidad de jugadores del Liverpool que han pasado a la historia tras lucir su camiseta. Desde recientes estrellas locales como Steven Gerrard o Jamie Carragher, hasta estrellas de antaño como Kenny Dalglish, Bruce Grobbelaar, John Barnes, Ray Clemence, Ian Rush o Robert Hunt, hasta estrellas internacionales de la talla de Fernando Torres, Xabi Alonso, Luis Suárez o más recientemente, Mohamed Salah.

Rivalidades: el primer rival del Liverpool es el club del que surgió: el Everton. Ambos equipos protagonizan el llamado derbi de Merseyside, y a pesar de que es un partido donde los jugadores de ambos equipos suelen protagonizar duros enfrentamientos (es uno de los partidos con más expulsados de la liga inglesa), en las gradas el ambiente es bastante bueno. No lo es tanto en los partidos entre el Liverpool y el Manchester United, el gran rival del equipo *red* a nivel nacional, un enfrentamiento que trasciende lo deportivo y simboliza la lucha entre las dos grandes ciudades industriales de Inglaterra.

Apodos: el apelativo principal del equipo es el de *reds* (rojos), que no requiere mucha explicación más allá del color del uniforme. A la afición del Liverpool es habitual conocerla en Inglaterra como *The Kop* (incluso *kopites*). El origen del nombre está en una de las gradas del estadio de Anfield Road, donde se encuentran los hinchas más fervorosos. Una de las principales batallas de la Guerra de los Bóers, que tuvo lugar en Sudáfrica entre 1899 y 1902, fue la de *Spion Kop* (el pico de los espías), una montaña en la que las tropas británicas sufrieron una sonora derrota. Algunos periodistas compararon años después algunas de las gradas de los estadios ingleses con la ladera de aquel monte sudafricano, siendo la más famosa de ellas la de Anfield, que desde 1906 recibe este nombre.

1.

"The Gunners"

2.

3.

Arsenal
VICTORIA CONCORDIA CRESCIT

Arsenal
VICTORIA CONCORDIA CRESCIT

Arsenal
Victoria Concordia Crescit

1.

Arsenal

5.

ARSENAL

El Arsenal, en 1888

El liderazgo futbolístico de la ciudad de Londres está en disputa por varios equipos. Uno de ellos es el Arsenal FC, un club que cuenta como hitos ser el primero del sur de Inglaterra en participar en el sistema liguero del país, en ser el equipo con más títulos de la FA Cup o el récord establecido en la temporada 2003/2004, en la que el Arsenal ganó la Premier League sin perder ningún partido. El club nació en el año 1886, cuando un grupo de trabajadores de la Royal Arsenal de Woolwich, una empresa de producción de municiones, decidió crear un club de fútbol. En 1891 se convirtió en el primer club de Londres en hacerse profesional.

Atuendo: los colores del Arsenal han sido el rojo y el blanco desde sus inicios. Las camisetas originales del club eran rojas,

donadas por el Nottingham Forest a través de dos exjugadores que trabajaban en la fábrica de municiones. En 1933, el técnico Herbert Chapman introdujo las mangas blancas, tan características del club, y que le permitieron diferenciarse de equipos como el Liverpool o el Manchester United. Sobre el origen de estas mangas hay varias teorías. Una dice que Chapman se inspiró en un aficionado que lucía un chaleco rojo sobre camisa blanca, o que esa inspiración le llegó al ver a su amigo Tom Webster, con quien solía jugar al golf, con un atuendo parecido. Desde entonces, y a excepción de un par de temporadas, la camiseta roja con mangas blancas ha sido inamovible.

Emblema: el primer escudo del Arsenal incluía tres cañones apuntando al norte, tal y como aparecían en el escudo de armas del distrito de Woolwich, donde nació el equipo (1). En 1922, el escudo pasó a tener un solo cañón, visto de perfil y apuntando al oeste (2). En los años 30, el club como organización usó como logotipo un diseño obra de Herbert Chapman, consistente en las siglas del club entrelazadas junto a un balón (4). Pero volviendo a los escudos que sí lucieron los jugadores en las camisetas, en el año 1949 el cañón se unió al escudo de armas del distrito de Islington, donde estaba el estadio de Highbury, junto al lema latino *Victoria Concordia Crescit* ("la victoria viene de la armonía") (3). En 2002, y para facilitar el proceso de registro del logo, el Arsenal modernizó su escudo, con el cañón como elemento principal (mirando hacia el este) y simplificando sus líneas, además de eliminando todo elemento superfluo, más allá del nombre del equipo (5).

Estrellas de su historia: más allá del irlandés David O'Leary, que jugó en el Arsenal entre los 70 y principios de los 90 y es el jugador con más partidos de la historia del club, y de posteriores leyendas locales como Tony Adams, Lee Dixon o David Seaman, las principales estrellas de la historia del Arsenal están en la época del entrenador francés Arsène Wenger: Thierry Henry es el máximo goleador de la historia del club. También destacan otros franceses como Robert Pires, Patrick Vieira o Emmanuel Petit, el español Cesc Fàbregas o el neerlandés Robin van Persie.

Rivalidades: el principal rival del Arsenal es el Tottenham Hotspur, con quien disputa el derbi del Norte de Londres. Es una de las rivalidades más ácidas de Inglaterra, que data desde 1913, cuando el Arsenal se mudó a la zona norte de la capital británica, donde estaba ya establecido el Tottenham. Pese a que el balance de victorias es favorable al Arsenal, en los últimos años la pujanza del Tottenham ha igualado las fuerzas.

Apodos: el principal apelativo de aficionados y jugadores del Arsenal es el de *Gunners*, que se podría traducir aproximadamente como 'los Artilleros'. Los hinchas del Tottenham han deformado este apodo y lo han convertido en *Gooners* (la voz inglesa *goon* puede significar tonto o idiota), pero los hinchas del Arsenal lo han aceptado también. Como curiosidad, reseñar que la reina Isabel II es simpatizante *gunner*.

1.

2.

3.

4.

5.

CHELSEA FC

El Chelsea, en 1905

El club que quizá mejor simbolice el auge económico y social de la Premier League es el Chelsea FC. Uno de los clubes más castizos de Londres se convirtió gracias al dinero procedente del extranjero, en concreto de las manos del magnate ruso Roman Abramovich, en uno de los más poderosos clubes de Europa, logrando ser campeón de Europa y varias veces de la Premier League. El club fue fundado en 1905 en el barrio de Fulham. Como este nombre ya era usado por un club, sus fundadores decidieron recurrir al nombre del barrio adyacente, el de

Chelsea, tras rechazar ideas como la de London FC o Kensington FC. El equipo, curiosamente, nació a raíz del estadio, Stamford Bridge. El propietario de las instalaciones decidió fundar un equipo para darle uso a estas.

Atuendo: el primer color que lució el club en sus camisetas fue el 'azul Eton', un tono entre celeste y verdoso que era el usado por los jinetes patrocinados por el marqués de Cadogan, primer presidente del club. Al año siguiente se adoptó el azul o *royal blue*, que no ha desaparecido hasta la actualidad. El pantalón ha sido siempre azul y las medias, tradicionalmente blancas, excepto una etapa entre 1985 y 1992, cuando el uniforme fue completamente azul.

Emblema: el primer escudo del Chelsea (1905-1952) representaba a un *Chelsea Pensioner*, nombre que reciben los veteranos de guerra alojados en el Royal Chelsea Hospital (1). En 1952, un entrenador llamado Ted Drake insistió en eliminar la imagen del *Pensioner* y durante un año, el emblema del club consistió en las siglas del club (2). En 1953 se adoptó la imagen de un león rampante, animal heráldico que aparece en el escudo de armas del distrito de Chelsea (que a su vez lo toma del escudo de armas del marqués de Cadogan, precisamente presidente del club entonces) (3). En los 80 se optó por una representación moderna del león, no ajustada a los cánones heráldicos (4), pero en 2005 se readoptó el escudo del león nacido en los 50, con unos ligeros retoques para modernizarlo, hasta la actualidad (5).

Estrellas de su historia: debido a que los años más destacados de la historia deportiva del Chelsea son los recientes, sobre todo bajo el liderazgo del entrenador portugués Jose Mourinho, cabe destacar de entre sus principales estrellas al central John Terry o al cen-

trocampista Frank Lampard, junto a estrellas extranjeras como Didier Drogba, Gianfranco Zola, Petr Cech o Michael Essien.

Rivalidades: los principales rivales del Chelsea son los otros dos grandes clubes londinenses el Arsenal y el Tottenham, sin que exista acuerdo con cuál de ellos la rivalidad es más ácida. Por razones de proximidad geográfica, el Fulham FC es otro de los tradicionales 'enemigos' del Chelsea, mientras que a nivel nacional, y sobre todo tras la época dorada del equipo, el Manchester United ha sido el gran rival del Chelsea.

Apodos: Dos son los principales apelativos que recibe el Chelsea, sus jugadores y sus aficionados. El primero y más común es el de blues, que hace referencia a los colores con los que juega el equipo. El otro es el de *Pensioners*, en relación al anteriormente citado Royal Chelsea Hospital, que es una casa de retiro o residencia de ancianos para veteranos del Ejército Británico, y que está situado en el barrio de Chelsea. Fue fundado en 1682 y aún hoy sigue activo, con una capacidad para unos 300 veteranos.

1.

CONCILIO ET LABORE

2.

MANCHESTER CITY F.C.

3.

MANCHESTER CITY F.C.

4.

M.C.F.C.
Superbia In Proelio

5.

MANCHESTER
18
94
CITY

MANCHESTER CITY

El Manchester City (entonces aún St. Marks), en 1884

Si el Chelsea es de uno de los grandes ejemplos de la prosperidad del fútbol inglés en los tiempos modernos, no cabe duda de que el otro gran ejemplo es el Manchester City. De ser un equipo de fuerte arraigo popular pero siempre a la sombra del United, el dinero catarí ha convertido a los *citizens* en uno de los grandes de Europa y a uno de los dominadores actuales del fútbol local, sobre todo tras la llegada del técnico español Pep Guardiola. El City fue fundado en 1884 en la iglesia de San Marcos, en el barrio de West Gorton. La idea era crear un entretenimiento saludable para alejar a los varones del barrio, uno de los más deprimidos

de la ciudad de Manchester, del alcoholismo, las bandas y la mala vida. De hecho, el primer nombre del equipo fue el de la propia parroquia: St Marks, que luego pasó a ser Gorton FC. No fue hasta 1894 cuando adquirió el nombre de Manchester City.

Atuendo: el primer uniforme del club fue una camiseta negra con una cruz de malta blanca, pantalón blanco y medias negras. Se desconoce el motivo del uso de este atuendo, aunque bien podría ser una forma de destacar el origen parroquial del equipo. En 1887 se data por primera vez el uso del azul celeste en el uniforme del equipo, aunque no existen documentos que expliquen el motivo de la adopción de este color. Así como el celeste ha sido el color de la primera equipación, tradicionalmente el color de la segunda equipación ha sido el granate y, desde los 60, también se han usado uniformes rojos y negros. Se trata de una idea de Malcolm Allison, segundo entrenador del equipo, que creía que portar los colores del AC Milan, uno de los grandes equipos europeos, podía suponer un acicate para los resultados del equipo.

Emblema: en sus primeros, años, y al igual que el United, el Manchester City usaba el escudo de la ciudad como emblema (1). Entre 1965 y 1972, el club estrenó un escudo propio, que tomaba la parte central del escudo de armas de la ciudad, rodeado por una circunferencia con el nombre del equipo (2). En 1972 se varió el emblema: se mantuvo el barco (que ya vimos que también usa el United) como símbolo del carácter comercial del puerto de la ciudad y se añadió la rosa roja de Lancashire (3). En 1997 se rediseñó el escudo y se añadió un águila dorada rodeándolo, junto al lema latino *Superbia In Proelio* (Orgullo en la batalla) y las tres rayas del escudo de la ciudad mancuniana (que a su vez representan tres ríos, el Irwell, el Irk y el Medlock, que bañan la comarca) (4), hasta que en 2016 se recuperó el escudo tradicional, sin águila, circular, con el barco y la rosa roja, con líneas más o menos modernizadas y con el año de fundación del club (5).

Estrellas de su historia: al igual que en el caso del Chelsea, los recientes éxitos del Manchester City hacen que las principales estrellas de su historia sean recientes, tanto que alguna de ellas aún permanece en el club, como es el caso del delantero argentino Sergio 'Kun' Agüero, máximo goleador histórico del club. El español David Silva, el belga Vincent Kompany, el argentino Carlos Tévez o el marfileño Touré Yaya son algunos de los jugadores señeros de esta última etapa. El delantero irlandés de los 80 Niall Quinn o el portero alemán de los 50 Bert Trautmann (que fue soldado en la II Guerra Mundial, pese a lo cual se instaló con éxito en Inglaterra), son estrellas anteriores.

Rivalidades: el máximo rival del City es el Manchester United, con quien protagoniza el derbi de Manchester. Tradicionalmente, los hinchas del City se han vanagloriado de que el suyo es el equipo con más seguidores en la ciudad, mientras que el United es un club más seguido por foráneos. El Manchester City cuenta entre sus aficionados con los famosos hermanos Noel y Liam Gallagher, que durante años lideraron a la exitosa banda de rock Oasis. Ambos músicos suelen dejarse ver por el City of Manchester Stadium (por motivos comerciales, Etihad Stadium) los días de partido.

Apodos: los apelativos que reciben jugadores y aficionados del City tienen poca literatura: son conocidos como *Citizens* (por el 'apellido' de City) y *sky blues*, por la tonalidad del color de sus camisetas.

1.

2.

3.

4.

5.

TOTTENHAM HOTSPUR

El Tottenham Hotspur, en 1885

Optando también al dominio futbolístico de Londres encontramos también a uno de los equipos ingleses de más solera, que pese a tener un palmarés menos grueso que el de sus rivales, ha sabido mantenerse siempre en la élite sin inversores extranjeros y, en los últimos años se ha convertido de pleno derecho en uno de los grandes del fútbol británico y en la base de la selección inglesa. El Tottenham Hotspur nació en 1882 en el seno de un club de críquet, el Hotspur Cricket Club. Los estudiantes que lo formaban buscaban un entretenimiento para los meses de invierno. Dos años después adoptaron el nombre de Tottenham Hotspur para diferenciarse de otro club, ya desaparecido, llamado Hotspur, y en honor al barrio londinense que los vio nacer. Entre alguno de

sus hitos, el Tottenham es el primer equipo británico en ganar una competición europea: en 1963 ganaron la Recopa. Es, además, el primer equipo inglés en conseguir un doblete Liga-Copa en el siglo XX.

Atuendo: el primer uniforme del equipo fue azul marino, si bien al año siguiente adoptaron los colores del Blackburn Rovers: camiseta azul y blanca a dos mitades. Tras probar con camiseta roja y una curiosa combinación de colores marrón chocolate y dorado, en 1898 adoptaron el blanco, en honor al Preston North End, uno de los más exitosos clubes de la época, con pantalón azul marino, esquema que han mantenido hasta la actualidad, exceptuando la tradición de jugar partidos europeos con un uniforme enteramente blanco.

Emblema: el escudo del Tottenham ha tenido como protagonista siempre a un gallo de pelea de afilados espolones. El motivo tiene que ver con el nombre el club. Se eligió en honor de sir Henry Percy, más conocido como Harry Hotspur, un caballero de finales del siglo XIV y principios del XV, que destacó en las guerras entre Inglaterra y Escocia de aquella época y que William Shakespeare retrató en la primera parte de su obra *Enrique IV*. El apodo de Percy procede de unos gallos de pelea que poseía, cuyas espuelas (*spurs* en inglés) eran temibles, aunque también se dice que era por las propias espuelas de montar que usaba este noble medieval. La familia Percy fue propietaria durante siglos de los terrenos donde se estableció el club en sus orígenes. Las primeras versiones del emblema se componían de un gallo en un escudo (1). En 1983 el gallo se estiliza y se le coloca sobre una circunferencia con las siglas del club. A ambos lados, dos leones rojos, animal heráldico que se encuentra en el escudo de la familia Percy. Se añadió además el lema latino *Audere Est Facere* ("atreverse es hacer") (3). En 1999 el escudo se complica más: el conjunto anterior se enmarca en un escudo y a los lados del gallo se añaden una torre y siete árboles. La torre representa al Castillo de Bruce, sito en el barrio de Tottenham, y los árboles son siete olmos conocidos como *Seven Sisters* (siete hermanas), otro de los lugares más emblemáticos del barrio y que da nombre a la

estación de metro más cercana a White Hart Lane (antes) y al Tottenham Stadium (ahora) (4). Finalmente, en 2006, el escudo se simplificó hasta la versión actual, con el gallo sobre un balón de fútbol (5).

Estrellas de su historia: el Tottenham se enorgullece de haber tenido en sus filas a algunos de los mejores delanteros ingleses de todos los tiempos: Jimmy Greaves, Gary Lineker o actualmente, Harry Kane, son ejemplo de ello. Danny Blanchflower, los argentinos Ardiles y Villa, Paul Gascoigne, David Ginola, Jürgen Klinsmann, Chris Waddle o Teddy Sheringham son algunas de sus estrellas más destacadas de su historia.

Rivalidades: Arsenal y Chelsea, en este orden, son los grandes rivales del Tottenham. La rivalidad con el Arsenal es de las más famosas de Inglaterra. Los *gunners* celebran el llamado *St. Totteringham's Day* cuando matemáticamente quedan por delante del Tottenham en la clasificación final de la Premier League, mientras que los hinchas de los Spurs celebran cada 14 de abril el *St. Hotspur Day*, en honor de la famosa victoria sobre sus archirrivales en las semifinales de la FA Cup de 1991.

Apodos: el Tottenham es uno de los equipos con más apelativos del fútbol inglés. Son conocidos mayoritariamente como *spurs* (abreviatura de su nombre). Otro nombre tradicional es el de *lilywhites*, en referencia al color de sus camisetas. La afición del Tottenham es conocida también como el *Yid Army*. *Yid* es una abreviatura de *yiddish*, el idioma histórico de los judíos askenazíes. Es un guiño al hecho de que tradicionalmente, el Tottenham es el equipo de los judíos de Londres. Pese a que en la actualidad esa afiliación está realmente diluida y no hay una presencia significativamente mayor de judíos entre los hinchas del club, los aficionados han adoptado el apelativo tras haber sido utilizado como método de ataque (con carácter antisemita) por hinchadas rivales, hasta el punto de que es habitual ver banderas de Israel o Estrellas de David en las gradas del Tottenham Stadium (y antes, en White Hart Lane).

ITALIA

1.

2.

3.

AC MILAN

El Milan, en 1901

El Milan es, sin lugar a dudas, el equipo italiano más exitoso en torneos internacionales. Es, de hecho, y con permiso de Boca Juniors, el club del mundo con más títulos de este calibre. Sus éxitos en su país no son desdeñables, ya que sólo la Juventus ha ganado más campeonatos de liga italiana que él. Nacido en 1899, el AC Milan tiene su origen también en emigrantes británicos. Fueron Alfred Edwards y Herbert Kilpin los fundadores del club, que bautizaron como Milan Foot-Ball and Cricket Club. Edwards

era el vicecónsul británico en Milán, mientras que Kilpin era el responsable de la sección de fútbol (un tal Edward Berra era el responsable de la de cricket). En 1900 se afiliaron a la Federación Italiana y ese mismo año lograron su primer título: la Medalla del Rey.

Atuendo: El Milan adoptó desde el primer momento los colores que le han hecho famoso: el rojo y el negro. La idea fue de Herbert Kilpin, que con una famosa frase explicó la elección de los colores: "Seremos un equipo de diablos. Nuestros colores serán el rojo, como el fuego, y el negro, como el miedo que infundiremos a nuestros rivales". El pantalón del equipo ha sido tradicionalmente blanco, aunque también ha sido habitual verlo negro. Mención aparte tiene la segunda equipación del equipo: toda blanca. Esta camiseta se la conoce en Italia como la *maglia fortunata* o camiseta de la suerte. El motivo es que con esta indumentaria el Milan ganó seis Copas de Europa (si bien perdió dos finales con ella), mientras que con el uniforme *rossonero* sólo ganó una (y perdió dos).

Emblema: Durante sus primeros años, el Milan lució como emblema el escudo de Milán, que no es otro que el escudo de San Ambrosio: cruz roja sobre fondo blanco (prácticamente igual que la cruz de San Jorge, que usa el FC Barcelona o Inglaterra) (1). En 1979 se diseñó un emblema que representaba a un diablillo con forma de llamarada (2), y en 1986 nació el actual escudo, un óvalo en cuyo interior hay un círculo dividido en dos partes: una a franjas rojas y negras y la otra con la cruz de San Ambrosio. Sobre este círculo, la palabra Milan (el club mantiene el nombre inglés de sus orígenes, y no el nombre italiano de la ciudad, *Milano*) y debajo, la fecha 1899. En 1998 la palabra Milan se sustituyó por las siglas ACM. Cabe reseñar que en la temporada 2014/2015 se creó un logotipo esférico que fue usado en algunos uniformes del club y que aún hoy permanece como imagen de la Casa Milan, la sede del club (3).

Estrellas de su historia: Por el Milan han pasado algunos de los mejores jugadores de la historia. Sus primeras estrellas fueron los suecos Gren, Nordahl y Liedholm (que formaron un popular

trío llamado Gre-No-Li). Los sudamericanos Altafini y Schiaffino, los italianos Rivera, Cesare Maldini o Trapattoni dieron pie a las estrellas de los 80 y los 90 que situaron el Milan como el mejor equipo del mundo: los tres holandeses Gullit, Rijkaard y Van Basten, Paolo Maldini, Baresi, Donadoni, Costacurta, Ancelotti... Más recientemente, han destacado Bierhoff, Weah, Roberto Baggio, Kaká o Shevchenko.

Rivalidades: El gran rival del AC Milan es su vecino, el Internazionale o Inter. Ambos disputan el llamado *Derby della Madonnina*. El Milan, tradicionalmente, ha sido el equipo de las clases trabajadoras de la ciudad, mientras que el Inter lo ha sido de la burguesía, si bien estos estereotipos han quedado ciertamente diluidos en los últimos años, sobre todo tras la dirigencia del magnate y político Silvio Berlusconi. Estos encuentros se suelen caracterizar por las 'guerras' de pancartas de los *tifosi* o hinchas de cada uno de los dos equipos, que suelen hacer alarde de ingenio para burlarse de sus rivales. El otro gran duelo del Milan es contra la Juventus, un partido que trasciende los límites del norte de Italia, ya que ambos son los clubes con más seguidores del país. A nivel europeo, el Milan tiene rivalidades con el Real Madrid, equipo al que durante años acechó en la carrera por poseer más Copas de Europa, si bien en los últimos años, el equipo español ha vuelto a tomar ventaja.

Apodos: A los jugadores y aficionados del Milan se les conoce como *rossoneri*, en relación al uniforme del equipo, y en Italia al equipo se le conoce como *Il Diavolo* (el Diablo), un mote tan antiguo como el propio club, pues como hemos visto, fue uno de sus fundadores el que lo usó para describir el espíritu del equipo. La mascota del equipo, de hecho, es un diablillo llamado Milanello (que a su vez es el nombre de la prolífica academia del club) y que fue diseñado por la factoría Warner Bros. por encargo del club.

1.

2.

3.

4.

5.

INTER DE MILÁN

El Inter, en 1910

Nueve años después del nacimiento del AC Milan nacía el otro gran equipo de la capital lombarda: el Internazionale, más conocido como el Inter. La fecha concreta de su nacimiento es el 9 de

marzo de 1908, en un encuentro de exsocios del Milan descontentos con la política del equipo *rossonero* de no permitir a extranjeros formar parte del club (que, curiosamente y como hemos visto en el capítulo anterior, fue fundado por ingleses). Aquella noche nació el Internazionale (el nombre hace referencia, claro está, al carácter internacional del club). Solo dos años después de su fundación, el Inter logró su primer título nacional.

Atuendo: Casi tan reconocibles como la de su eterno rival, la camiseta del Inter es azul y negra a franjas verticales. Fue uno de sus fundadores, el ilustrador Giorgio Muggiani, el que tuvo la idea: el azul representa el cielo de Milán, mientras que el negro se adoptó por la oscuridad de la noche de su fundación, aunque en esta decisión también había una clara voluntad de mostrarse como inverso al AC Milan. El pantalón y las medias han sido prácticamente siempre negras. La segunda equipación ha sido predominantemente blanca con motivos azules y negros, si bien hay que tener en cuenta que en 1928, el Inter absorbió a otro equipo local, la Società Sportiva Ambrosiana, que vestía camiseta blanca con una gran cruz roja (por la bandera de San Ambrosio). En algunas etapas de su historia, el Inter ha usado también este esquema.

Emblema: El actual escudo del Inter es el que diseñó en 1908 Giorgio Muggiani: Una esfera en cuyo interior se encuentran las letras de las siglas FCIM, entrelazadas, y rodeando a esa esfera una franja negra y otra azul (1). En 1928, el régimen fascista italiano obligó al club a ser renombrado como Ambrosiana-Inter y el escudo cambió: con forma de rombo, un balón destacaba como elemento central sobre fondo de franjas azules y negras (2). Con la caída del régimen de Mussolini, se retornó al escudo original, con leves variaciones. Entre 1979 y 1988, en mitad de una fiebre que llevó a casi todos los equipos italianos a rediseñar sus escudos y convertirlos en logotipos, el Inter lució un emblema consistente en un escudo cruzado por una doble franja azul y negra, una estrella y sobre todo ello, el *biscione*. El *biscione* es un animal heráldico, normalmente representado como una serpiente marina devorando a un niño, que es el emblema de la familia Visconti, regidora de Milán en la Edad Media, y que podemos encontrar, por ejemplo, en el logotipo de la marca de coches Alfa Romeo (3). En 1998 se readoptó el escudo circular, incluyendo en dos circunferencias concéntricas el nombre del club y el año de fundación (4). En 2007, y hasta la actualidad, se recoge el escudo original del club, con pequeñas variaciones desde entonces, como una estrella que coronaba el conjunto que posteriormente desapareció (5).

Estrellas de su historia: Decíamos de la gran tradición de jugadores que pasaron por el Milan, pero el Inter no le va a la zaga: Giuseppe Meazza, Giacinto Facchetti, Tarcisio Burginch, Sandro Mazzola, Alessandro Altobelli, Giuseppe Bergomi o, más recientemente, Walter Zenga, Lothar Matthäus, Andreas Brehme, Jürgen Klinsmann, Javier Zanetti, Ronaldo, Iván Zamorano, Diego Simeone, Marco Materazzi, Samuel Eto'o o Diego Milito han sido algunas de sus principales estrellas.

Rivalidades: Veíamos en el capítulo anterior que el gran rival del Inter, desde su propia concepción, es el AC Milan, con el que disputa el llamado *Derby della Madonnina*, que hace referencia a la Virgen de Asunción que luce en el chapitel mayor de la Catedral de Milán y es uno de los símbolos de la ciudad. En cuanto a la competición local, es un derbi bastante igualado tradicionalmente. El otro gran rival del Inter es, como en el caso de sus vecinos, la Juventus, si bien este duelo tiene más tradición aún, hasta el punto de que se le conoce como el derbi de Italia, nombre que procede de los años 60, cuando ambos clubes eran los más exitosos del país transalpino.

Apodos: Tal y como el Milan es el equipo *rossonero*, el Inter es el *nerazzurro*. Al Inter también se le conoce como *Il Biscione*, en referencia al animal heráldico que representaba a la poderosa familia Visconti. Otro apodo, menos conocido fuera de las fronteras de Italia, es el de *La Beneamata*, que podría traducirse al castellano como 'La Bienquerida'. El mote es obra del periodista deportivo Gianni Brera, y hace referencia a que es posible encontrar hinchas del Inter a lo largo de toda la geografía italiana.

1.

JUVENTUS

JUVENTUS

JUVENTUS

2.

JUVENTUS

3.

4.

JUVENTUS

5.

JUVENTUS

6.

JUVENTUS

JUVENTUS FC

La Juventus, en 1897-1898

La Juventus es el equipo más laureado de Italia y fue elegido segundo mejor club del siglo XX. Dominador con mano de hierro de los torneos nacionales, sus triunfos europeos no van tan a la par (Milan e Inter lo superan en Copas de Europa). La Juventus FC nació en 1897, lo que lo convierte en el segundo club activo más antiguo de Italia, tras el Genoa. Fue fundado por un grupo de estudiantes del instituto Massimo D'Azeglio de Turín, primero como Sport-Club Juventus, y posteriormente como Foot-Ball Club Juventus. El nombre es una palabra latina (si bien la voz original es

iuventus) en referencia a la juventud de sus fundadores. El motivo de su nacimiento fue la búsqueda de un entretenimiento y por seguir la moda, procedente de Gran Bretaña, de la práctica del fútbol. Empezaron a competir de manera oficial en el año 1900.

Atuendo: Los colores por los que la Juventus es reconocida en todo el mundo son el blanco y el negro, pero su primera equipación no se correspondía a este esquema. Las primeras camisetas del club fueron rosas, con corbata o lazo negro. Este uniforme evolucionó hasta una versión a franjas rosas y negras. Pero el rosa era un color que perdía tono con cada lavado, así que los dirigentes del club encargaron a John Savage, un inglés afincado en Turín que jugaba en el equipo que encargara un juego de camisetas más resistente. Este Savage era de Nottingham y el juego de camisetas que importó a Italia fue uno del Notts County, uno de los equipos más antiguos de Inglaterra y que viste a franjas negras y blancas. Sobre por qué se eligieron estas hay dos versiones: una que dice que Savage envió una vieja camiseta a Inglaterra que sirviera de modelo, y al estar tan descolorido el rosa, su socio en Nottingham creyó que eran blancas y negras y por eso envió las del Notts County. La otra, que el socio de Savage era hincha del Notts County y decidió enviar a Italia las camisetas de su equipo. Sea como sea, desde 1903, la Juve adoptó esos colores, hasta la actualidad. El rosa se ha usado en ocasiones como segunda equipación y en la temporada 2019/2020, una fina franja de este color separa dos bloques, uno negro y otro blanco.

Emblema: desde sus inicios hasta el pasado 2017, el emblema de la Juventus fue un escudo ovalado con franjas negras y blancas en cuyo interior se insertaba el escudo de la ciudad de Turín, que representa a un toro rampante, más el nombre del equipo. Este esquema se mantuvo más o menos invariado, más allá de pequeños retoques durante la mayor parte de la historia del club (por ejemplo, entre 1929 y 1931 el toro se sustituyó por una cebra como guiño al uniforme del equipo) (1). En 1979, en plena fiebre del rediseño en el fútbol italiano, el emblema se simplificó a la silueta de una cebra rampante con contornos difusos (3). En 1990 se retornó al diseño original (4), que se simplificó en 2004 (5). Pero la gran revolución llegó en 2017, con un cambio radical. El atrevido diseño representa dos 'j' negras que forman entre ellas otra 'j' blanca, adaptadas ambas a la forma de un escudo con parte inferior apuntada. Sobre estas 'j', el nombre del club (5).

Estrellas de su historia: La Juventus es el club que más jugadores ha aportado a la selección italiana en su historia. Leyendas del *calcio* como Boniperti, Scirea, Sivori o el mítico Dino Zoff defendieron la camiseta juventina. Más recientemente, Platini, Del Piero, Nedved, Trezeguet, Buffon o Cristiano Ronaldo han sido emblemas del club.

Rivalidades: A nivel local, el gran rival de la Juventus es el otro equipo de la capital piamontesa, el Torino. Otrora un grande de Italia y Europa, el 'Toro' lleva muchos años alejado del máximo nivel y el *Derby della Mole* ha perdido equilibrio. En capítulos anteriores hemos referenciado las rivalidades con los dos equipos de Milán, mientras que a otro nivel, la temperatura es también alta en partidos contra el Nápoles, la Roma y, sobre todo, la Fiorentina. En Europa, la Juventus ha protagonizado enconados duelos con el Real Madrid.

Apodos: En todo el mundo, la Juventus es conocida como la *Vecchia Signora* (La Vieja Señora o Vieja Dama). El apodo tiene su parte sarcástica, porque el nombre del club significa, como hemos visto, "juventud". Al parecer, el apelativo procede de los años 30, en los que los jugadores de la plantilla tenían un marcado perfil de veteranos. *La Fidanzata d'Italia* (La Novia de Italia) es otro apodo que se debe a que es un club con muchos seguidores entre la inmigración del sur de Italia llegada a Turín para trabajar en la industria automovilística de la capital de Piamonte. *Le Zebre* (Las cebras), debido a sus colores, es otro apodo popular, mientras que el diminutivo Juve es tremendamente popular en Italia y resto del mundo.

1.

2.

3.

4.

5.

AS ROMA

La Roma, en 1927

Si los grandes equipos italianos proceden del norte, encontramos al principal desafiante de esa hegemonía en la capital del país, en Roma. La Associazione Sportiva Roma es un equipo relativamente joven, nacido en 1927 fruto de la fusión de varios equipos de la ciudad eterna, en concreto el Roman FC, el Alba-Audace y el Fortitudo, precisamente con la intención de plantar cara a los dominantes equipos septentrionales. A esta fusión no se sumó el otro gran equipo romano, la SS Lazio. La Federación Italiana, controlada entonces por el partido fascista de Mussolini, garantizó un puesto en la máxima categoría al nuevo club, pese a que los equipos que lo formaban estaban en categorías inferiores.

Atuendo: Los colores de la Roma fueron heredados del Roman FC, uno de los tres clubes que lo formaron. El color predominante del club es el púrpura de Tiro o púrpura imperial, que es el color que lucía los emperadores en la Antigua Roma. En realidad, es un color entre el morado, el granate y el rojo, pero es relativamente difícil de definir, así que desde sus orígenes, el club llevó rojos de tonos oscuros, combinados con el amarillo del oro imperial romano. Este rojo oscuro es el mismo de la bandera oficial y del emblema del municipio de Roma. En general, y como veremos ahora, la Roma es un club que aprovecha muy bien el vínculo con la Antigua Roma.

Emblema: En los orígenes del club, el emblema que lucían los jugadores eran las siglas del club (ASR) en amarillo sobre un círculo rojo, que luego acabarían entrelazadas (1). Pero el escudo de la Roma es uno de los más característicos del fútbol italiano y europeo, y lo es gracias a que en él se representa a la Loba Capitalina, que según la leyenda amamantó a los fundadores de la ciudad, los gemelos Rómulo y Remo. En 1978, tras un partido en Nueva York (con motivo de una gira), los dirigentes de la Roma se dieron cuenta de lo bien que funcionaban los equipos deportivos americanos en cuanto a '*merchandising*'. Al regresar a Italia, decidieron hacer lo que se llama un '*rebranding*'. Encargaron a un diseñador gráfico (Piero Gratton) un nuevo logo. Así, nació el popular '*lupetto*', que no era sino la cabeza de un lobo (mejor dicho, una loba, la Capitolina), que quedaba enmarcada en una circunferencia roja y otra amarilla (3). Hay otro asunto importante a la hora de elegir el logo: la Loba Capitolina no podía ser usada como marca comercial (es decir, como '*merchandising*'), por pertenecer al Ayuntamiento de Roma. En 1997, Consistorio y club llegaron a un acuerdo y nació el actual emblema del club. En la parte superior, la loba y los gemelos, y en la inferior, las siglas ASR entrelazadas (4). En 2013 se dan algunos retoques al conjunto, como el color de la loba y la sustitución de las siglas por la palabra 'Roma' y el año de fundación del club (5).

Estrellas de su historia: La Roma tuvo una época dorada en los 80 gracias a jugadores como el brasileño Falcao y los nacionales Pruzzo, Di Bartolomei, Conti, Ancelotti, Giannini o el alemán Völler. Más recientemente, y por encima de todos, encontramos a Francesco Totti, más estrellas como Daniele de Rossi, Damiano Tommasi, Vincenzo Montella o el ariete argentino Gabriel Omar Batistuta.

Rivalidades: La Roma protagoniza uno de los derbis más calientes del mundo, el de la capital, con la SS Lazio. La furia de sus hinchadas es temida por las fuerzas de seguridad italianas, y habitualmente, los jugadores se inundan de ese espíritu. Con el Nápoles, la Roma disputa el llamado *Derby del Sole* o *Derby del Sud*, en el que está en juego la hegemonía de la mitad meridional del país. Juventus, Milan o Inter también están entre los grandes rivales del equipo capitalino.

Apodos: Los colores del club marcan el apodo de *I Giallorossi* (los rojigualdos), que no merece mucha explicación. El escudo provoca que el club sea también conocido como *La Lupa* (la Loba), y entre los hinchas del equipo es muy frecuente llamar al club *La Magica*, apodo nacido en la época de esplendor de los 80.

A
C
N

N

SOCIETÀ SPORTIVA
N
CALCIO NAPOLI S.p.A.

N

SOCIETA' SPORTIVA
N
CALCIO NAPOLI

NAPOLI

El Napoli, en 1927

La historia del fútbol en Nápoles está plagada de fundaciones, disoluciones, fusiones y renacimientos. En 1902, un agente marítimo británico llamado James Poths fundó el Naples Foot-Ball and Cricket Club, que cuatro años después se convertiría en Naples FC. En 1912 surge una escisión del club llamada Unione Sportiva Internazionale Napoli. Ambos clubes convivieron hasta 1922, cuando los problemas financieros de ambos provocan que se fusionen de nuevo, dando lugar al Internaples. En 1926, y bajo los auspicios del ingeniero local Giorgio Ascarelli, el club se refunda dando pie a la Associazione Calcio Napoli. En 1964 el club

se renombró como Società Sportiva Calcio Napoli, y debido a una grave crisis, en 2004 se desintegró. El club fue refundado (primero como Napoli Soccer y luego recuperando su nombre de SSC Napoli) y últimamente goza de una excelente salud deportiva.

Atuendo: Las azules aguas del Golfo de Nápoles han marcado la indumentaria del equipo desde sus orígenes, en tonos más o menos claros, casi siempre con pantalón blanco, si bien en la etapa entre 1906 y 1912 lució una camiseta a franjas en dos tonos de azul. El uniforme de recambio ha sido tradicionalmente blanco y, en algunas etapas de su historia, rojo.

Emblema: El escudo del Napoli es muy reconocible por su simplicidad. En una esfera celeste hay una gran 'N' mayúscula. Es el escudo que tuvo el Internazionale Napoli y que a lo largo de la historia ha sufrido leves variaciones, como el color de la 'N' o la presencia del nombre completo del club. Existe, no obstante, un escudo primitivo de cuando el club era el AC Napoli (1926), en el que se ve a un caballo blanco rampante sobre fondo azul, junto a las siglas del equipo (1).

Estrellas de su historia: Hablar del Napoli es hablar de Diego Armando Maradona. El que para muchos es el mejor jugador de la historia logró sus mejores éxitos como jugador de club en Nápoles, donde aún es idolatrado. De hecho, su camiseta con el dorsal 10 está retirada desde el año 2000, aunque cuando el equipo fue refundado y militó en la C1, era obligatorio que los dorsales siguieran el esquema del 1-11. El último jugador que llevó el 10 de Maradona fue curiosamente otro argentino, Roberto Sosa. Otras estrellas históricas del club son los brasileños Alemao y Careca y más recientemente, el eslovaco Marek Hamsik, que incluso batió el récord de goles de Maradona con la camiseta del club.

Rivalidades: Como vimos en el capítulo anterior, el Napoli disputa con la Roma el llamado *Derby del Sole*. Al contrario que el resto de equipos dominantes de Italia, el Nápoles no tiene un rival en su propia ciudad, así que sus partidos más calientes por proximidad los vive contra equipos como el Avellino o la Salernitana. Con el Palermo disputa el llamado *Derby delle Due Sicilie*, con reminiscencias históricas, y a mayor nivel, tiene también cierta rivalidad con la Juventus, en realidad como cualquier otro equipo italiano.

Apodos: Los colores del equipo los convierten en *I Azzurri*, apodo que comparten con la selección italiana. Otro apodo es *I Ciucci*, que en dialecto napolitano se traduce como 'Los Burros'. Nació como mote ofensivo en la época en la que el club, como vimos antes, lucía como emblema un caballo blanco rampante, pero la hinchada local lo adoptó como propio y el burro se ha convertido en un símbolo del equipo a todos los niveles. Por último, el equipo recibe frecuentemente el apelativo de 'Partenopeo'. Hace referencia a la mitología griega y en concreto a la sirena Parténope, que trató de atraer a Odiseo/Ulises con su canto y al no conseguirlo, pereció, siendo enterrada en la actual ciudad de Nápoles.

ALEMANIA

1.

2.

3.

BAYERN
MÜNCHEN

BAYERN

F. C. BAYERN
MÜNCHEN E.V.

4.

FC BAYERN
MÜNCHEN

5.

FC BAYERN
MÜNCHEN

BAYERN

El Bayern en un partido ante el Nürnberg en 1901

Sin el menor género de dudas, el más poderoso equipo alemán es el Bayern de Múnich. Es el más exitoso equipo en competiciones nacionales en Alemania y el más exitoso equipo alemán en competiciones europeas. Fue fundado en el año 1900 por los miembros de un club muniqués de gimnasia, llamado MTV 1879. En sus primeros años disputó encuentros con equipos de la zona de Múnich y en 1905 se fusionó con el Münchner SC. Hasta 1910 no se incorporó a su primera competición oficial, una liga regional en Baviera. Tardó un año en alzar su primer título. De la historia del Bayern cabe destacar que durante la Alemania nazi fue uno de los clubes en el punto de mira del régimen, porque, entre otros motivos, su presidente era judío y estaba considerado un club

con muchos vínculos con la población hebrea. Fue calificado de *Judenklub* (club judío) y durante el nazismo y la II Guerra Mundial perdió influencia y fue relegado a ligas inferiores.

Atuendo: podemos afirmar que el Bayern es, de los grandes equipos de Europa, el que menos estabilidad ha tenido en cuanto a colores se refiere. En la actualidad, todos los relacionamos con el color rojo, pero esta identidad es relativamente reciente. En sus primeros años, el Bayern lució camisetas celestes y pantalones blancos, porque los colores del club eran el blanco y el azul, los de la bandera del estado de Baviera (de hecho, Bayern significa Baviera, en alemán). El siguiente uniforme constaba de camiseta blanca. En un principio la idea es que los pantalones fueran azules, pero en aquella época no existían. En 1905 el pantalón se tornó rojo con motivo de la fusión con el Münchner SC. La decisión fue polémica porque estos pantalones fueron fruto de mofas por parte de los rivales, que se burlaban de los jugadores con una broma de bastante mal gusto, diciendo que estos tenían la menstruación. Pese a ello, este esquema se mantuvo hasta 1927, excepto entre 1909 y 1912, cuando los jugadores lucían una camiseta a franjas verticales rojas y blancas. En 1927 retornaron esas franjas, y desde entonces el diseño varió con mucha frecuencia: camiseta blanca, camiseta blanca con mangas rojas, todo rojo (1963), todo blanco (1967), combinación de franjas rojas y azules en 1968 (por aquello del azul original del emblema de Baviera)... Con todos estos antecedentes, todavía hoy el Bayern innova mucho de un año para otro, revisionando algunos de estos diseños históricos, si bien prácticamente siempre el rojo es el color dominante.

Emblema: si el uniforme del Bayern ha sufrido muchos cambios, ocurre algo parecido con el escudo. Su primer emblema fue una bandera a listas azules y blancas, con un círculo central en el que se veían las letras FCB (1). Entre 1923 y 1954, el emblema se simplificó y se convirtió en las letras FCBM entrelazadas (2). Entre 1954 y 1961, el escudo fue un círculo rojo en el que se podía leer 'F. C. Bayern'. En el 61 aparecen, por fin, los rombos azules y blancos de la bandera bávara, en un diseño en el que cual se adivinan ya las formas del escudo actual (3). En 1970 se crea el escudo circular actual, con su parte central decorada con la bandera bávara y alrededor, una circunferencia roja con el nombre del club (4). Este escudo se retocó levemente en 2017, hasta la actualidad (5).

Estrellas de su historia: como ocurre con la Juventus en Italia, el Bayern es el indiscutible club base para la selección alemana. Por ello, la mayoría de las grandes estrellas del fútbol alemán son leyendas del Bayern. Beckenbauer, Gerd Müller, Maier, Breitner, Rummenigge, Augenthaler, Matthäus, Effenberg, Kahn, Scholl, Schweinsteiger, Thomas Müller... todos ellos fueron importantes en el club y en la *Mannschaft*. A estos hay que sumarles extranjeros como Elber, Robben, Ribéry o el polaco Lewandowski.

Rivalidades: El rival local del Bayern es el 1860 Múnich, un club que durante el nazismo y los 60 fue el dominante en la ciudad, pero que desde hace años vive muy a la sombra del equipo rojiblanco. Tal es así que en recientes épocas de apuros económicos, el Bayern ha salido en ayuda del 1860. El más caliente derbi del estado de Baviera lo disputa contra el Núremberg, si bien la diferencia entre ambos clubes es muy grande. Pero más recientemente, la rivalidad con el Borussia Dortmund ha crecido mucho, hasta el punto de que en Alemania el partido que los enfrenta se conoce como *Der Klassiker*. A nivel europeo, es muy conocida la rivalidad con el Real Madrid, uno de los duelos más frecuentes de la historia de la Copa de Europa (y de la Champions League), pese a que, curiosamente, nunca se han visto las caras en una final.

Apodos: No destacan por su originalidad los apodos del Bayern. *Die Roten* (los Rojos) es uno de ellos. *Die Bayern* (los Bávaros) o *Der FCB* (el FCB) también son apelativos por los que se conoce al club, que no obstante tienen un apodo más poético: *Stern des Südens* (La Estrella del Sur).

BVB
09
DORTMUND
1.

BORUSSIA
BVB
09
DORTMUND
2.

BV BORUSSIA 09 e.V.
DORTMUND
3.

BVB
09
4.

BVB
09
5.

DORTMUND

El Dortmund, en 1900

Si alguien puede hacer sombra al Bayern en Alemania, al menos en las últimas décadas, es el Borussia Dortmund. Asiduo a la Champions y con unos seguidores conocidos entre los más ruidosos y fieles de Europa, este equipo fue fundado en 1909. Nació en el seno de un club llamado Trinity Youth, formado bajo auspicios de la iglesia católica, y que nació para acoger a trabajadores polacos que emigraban a la muy industrializada zona de la cuenca del Ruhr. Un grupo de jugadores de este club estaban descontentos con la gestión del sacerdote que los dirigía y decidieron formar un club independiente. Se reunieron en un bar llamado

Zum Windschütz, y allí lo bautizaron como Borussia Dortmund. Si bien Borussia es el nombre en latín de la región histórica de Prusia, el nombre poco tiene de homenaje a la historia, sino que bastante más prosaico: Borussia era el nombre de una marca de cerveza que se producía en Dortmund y que se anunciaba en el bar donde estaban reunidos.

Atuendo: el primer uniforme del Borussia Dortmund poco o nada tiene que ver con el actual. La primera camiseta era a franjas azules y blancas, con una banda diagonal roja, y pantalón negro. Tres años después de su fundación, en 1912, el club absorbió a tres pequeños equipos locales: el Britannia, el Rhenania y el Deutsche Flagge. El primero de ellos vestía camiseta amarillo limón y pantalón negro, y fue el uniforme que se adoptó para el club, hasta la actualidad, convirtiéndose en uno de los uniformes más característicos y reconocibles de Europa.

Emblema: El primer logotipo del club no podía ser más simple: una 'B' mayúscula, negra. En 1919 nace un escudo con una forma bastante similar a la actual: un círculo amarillo con las iniciales BVB (por el nombre oficial del club, *Ballspielverein Borussia)* y el 09 del año de la fundación (1). En 1945 se le dio un lavado de cara a este emblema, quedando prácticamente igual a como lo conocemos ahora. Entre 1964 y 1974, se añade al conjunto un reborde negro con la intención de dotar al escudo de mayor fuerza (2), pero lo cierto es que no fue una época pródiga en títulos para el club. Curiosamente, hay que destacar que entre 1976 y 1978, el Dortmund tuvo un emblema algo especial: la cabeza negra de un león sobre el fondo de un círculo amarillo (3). El motivo era que el club estaba esponsorizado por una marca de tabaco que tenía la cabeza de un león como logotipo. Acabada la relación con esta firma, se recuperó el escudo original, pero eliminando el nombre de la ciudad (4). En 1993 desaparece el reborde negro, quedando el emblema como está en la actualidad (5).

Estrellas de su historia: la época más brillante del Borussia Dortmund es la más reciente. El suizo Chapuisat, los alemanes Riedle, Möller, Reuter, Kohler, Ricken o Sammer o los también lo-

cales y más recientes Götze y Reus son algunas de las grandes estrellas de la historia de este club.

Rivalidades: El Dortmund tiene dos grandes rivales en su país. El primero es el Schalke 04, radicado en la vecina ciudad de Gelsenkirchen, con quien disputa el llamado derbi del Ruhr (por el río de este nombre, afluente del Rin, que pasa muy cerca de ambas ciudades). Fuera de la proximidad geográfica, el Dortmund es rival del Bayern de Múnich, por ser el equipo amarillo uno de los pocos que ha conseguido discutir el férreo dominio de los bávaros en las competiciones nacionales.

Apodos: a los hinchas y jugadores del Dortmund se les conoce como *Die Borussen*, por el nombre del equipo, así como *Der Schwartzgelben* (los negros y amarillos), por sus uniformes. En la prensa es habitual ver cómo se usan las siglas BVB para referirse al club.

1.

2.

HAMBURGO

El Hamburgo (como SC Germania), en 1904

El Hamburgo, que actualmente pasa por horas bajas, fue en su día uno de los más poderosos equipos de Europa, hasta el punto de que en 1983, se alzó con el máximo trofeo del Viejo Continente. Como otros clubes, el Hamburgo es el fruto de la fusión de varios equipos. El más antiguo de ellos es el Germania, fundado en 1887. Los otros dos son el FC Falke Eppendorf y el Hamburger FC. La unión de estos tres equipos, en 1919, dio origen al actual Hamburger SV. El Germania era un club de atletismo y gracias a la intervención de algunos miembros de nacionalidad británica, empezó a disputar encuentros de fútbol. Este Germania fue

uno de los fundadores de la Federación Alemana y de la primera competición nacional. El Hamburgo SV toma como su fecha de fundación el año 1887, porque se considera heredero directo de este club primigenio.

Atuendo: el Hamburgo viste tradicionalmente con camiseta blanca, pantalón rojo y medias azules con vuelta negra, una combinación original y muy reconocible. El blanco y el rojo los toma de la bandera de la ciudad, mientras que el azul y el negro, que como veremos a continuación son los colores dominantes en el escudo, los toma del Germania, que vestía camisetas a dos mitades con estos tonos.

Emblema: El escudo del Hamburgo es uno de los más originales del fútbol mundial, por su sencillez, basada en pura geometría. En un rectángulo azul hay insertados tres rombos concéntricos, blanco, negro y blanco, sin más letras o siglas o dibujo. El escudo está inspirado en una bandera de señales marítima (Hamburgo es el principal puerto alemán y uno de los más importantes de Europa). En concreto, se trata de un código internacional que se usa para que los marinos de todo el mundo se puedan comunicar. En concreto, se trata de la bandera llamada 'blue Peter' o 'Papa', que significa "todo el mundo a bordo" cuando está en puerto y "redes enganchadas" cuando el barco, si es pesquero, está en la mar. Esta bandera es azul y dentro tiene un rectángulo blanco (3). Anterior a este escudo, adoptado en 1978, hubo uno, nacido en 1919, en el que el rombo negro central era más estrecho (2). No obstante, el primer escudo del club es unos meses anterior. Duró muy poco, y recogía los emblemas de los tres clubes que dieron lugar al Hamburgo actual (1).

Estrellas de su historia: en el Hamburgo han jugado grandes estrellas del fútbol alemán como Hrubesch, Magath, Seeler o Kaltz. De entre los foráneos, destaca el inglés Kevin Keegan, que jugó en el Hamburgo entre 1977 y 1980 o el holandés Rafael Van der Vaart. Cabe destacar que el mítico Franz Beckenbauer jugó en el club durante dos temporadas, en el ocaso de su carrera.

Rivalidades: El Hamburgo disputa el llamado derbi del Norte contra el Werder Bremen, ya que ambos son los equipos más po-

derosos de la zona más septentrional de Alemania. Contra el St. Pauli disputa el derbi de la ciudad de Hamburgo, si bien la discontinua presencia de este último equipo en la máxima categoría del fútbol alemán convierte este derbi en algo caro de ver.

Apodos: Los jugadores del Hamburgo son conocidos como *Der Rothosen* (los del pantalón rojo), por motivos que requieren poca explicación. Además, el club lleva también el apelativo de *Der Dinosaurier* (Los dinosaurios) o en versión reducida, *Der Dino.* El motivo está en la longevidad del club (si atendemos a la fecha de fundación del Germania, como hemos visto anteriormente).

1.

2.

3.

4.

5.

BORUSSIA MÖNCHENGLADBACH

Jugadores del Borussia, en 1905

El otro gran equipo alemán que luce el nombre de Borussia está en la ciudad de Mönchengladbach, también al oeste del país. Si el de Dortmund es el que en las últimas décadas planta cara al Bayern en la lucha por el dominio en Alemania y cosecha grandes resultados en Europa, antes era éste, el de Mönchengladbach, el que era uno de los dominantes en la escena nacional alemana y continental. Fundado en 1900, nació de un grupo de futbolistas que formaban parte de otro club llamado Germania (sin relación con el de Hamburgo que hemos conocido en el capítulo anterior).

Al igual que el de Dortmund, el Borussia nació en un establecimiento de hostelería, en concreto en un restaurante llamado Anton Schmitz. Estos sí adoptaron el nombre de Borussia por la denominación latina de la región histórica de Prusia.

Atuendo: Los colores del Borussia Mönchengladbach son tradicionalmente el blanco, el negro y el verde. La camiseta ha sido siempre blanca, habitualmente presentando detalles en los otros dos colores citados. Los orígenes de los colores están en la heráldica. El blanco y el negro son los colores tradicionales de Prusia. De hecho, la selección alemana de fútbol los adoptó también. El verde es el color de la bandera de Renania, la región histórica donde está la ciudad de Mönchengladbach y que en la actualidad, está formada por los *lander* de Renania del Norte-Westfalia, Renania-Palatinado y Hesse.

Emblema: el primer escudo del equipo, en colores blanco y negro, recogía las palabras 'Fussball Club Borussia M. Gladbach Eicken', más la imagen de un balón de fútbol (1). Cabe destacar que la ciudad de Mönchengladbach hasta 1960 se llamó oficialmente München-Gladbach, mientras que Eicken era el nombre de la zona de la ciudad donde nació el club. En 1909, el escudo se simplificó y adoptó una forma geométrica con las siglas FCB (2). A partir de 1919, y de manera discontínua, se adoptó un emblema parecido al actual: un rombo o diamante con una 'B' mayúscula, sobre franjas negras y blancas (3). En 1970, el diamante se mantuvo sobre un fondo verde, el de la anteriormente comentada bandera de Renania (4). En 1999, el escudo se simplificó de nuevo y se pasó al diamante en blanco y negro con la 'B' mayúscula (5).

Estrellas de su historia: la época dorada del Borussia fueron los 70 y de esos años destacan jugadores como Berti Vogts, Jupp Heynckes, el danés Allen Simonsen, Günter Netzer o Rainer Bonhof. Más recientes son internacionales alemanes como Lothar Matthäus, Stefan Effenberg, Marco Reus o Marc-André Ter Stegen.

Rivalidades: El principal rival del Borussia es el 1. FC Köln o, como es conocido en los países hispanoparlantes, el Colonia. La rivalidad se basa principalmente en la proximidad geográfica de ambas ciudades, pero ésta se exacerbó a partir de los 60 por Hennes Weisweiler, el mítico entrenador del Borussia triunfante en Europa, que antes había sido técnico del eterno rival, el Colonia. Curiosamente, Weisweiler regresaría al Colonia años después. El Borussia es rival del Bayern de Múnich desde que en los 70 ambos fueran los equipos dominantes en el fútbol alemán. Por último, existe cierta rivalidad con el Borussia Dortmund, surgida, obviamente, por el nombre. Los hinchas del Mönchengladbach suelen cantar a sus rivales que "sólo hay un Borussia". De hecho, en Alemania, si dices solamente 'Borussia', la gente piensa antes en el de Mönchengladbach que el en otro, que es más conocido como 'Dortmund'.

Apodos: Jugadores e hinchas del club son conocidos como *Die Borussen*, pero el apodo más popular del club es *Die Fohlen* ('Los Potros'). El apodo nació en los 60, cuando empezaron a juntarse en el equipo jóvenes jugadores, que se caracterizaban por su fuerza y velocidad. El apodo caló bien entre la hinchada, y de hecho, la mascota del club es un potro negro llamado Jünter.

1.

2.

3.

4.

SCHALKE 04

El Schalke, en 1908

También en el oeste de Alemania nos encontramos a otro de los grandes clubes de la Bundesliga, con una enorme masa social (es el segundo club alemán con más socios) y con numerosos éxitos tanto dentro como fuera del país. En la ciudad de Gelsenkirchen, en concreto en el distrito de Schalke, nació en 1904 el club, de mano de un grupo de estudiantes de instituto, que primero adop-

taron el nombre de Westfalia Schalke. No fue hasta 20 años después cuando adoptó su nombre, el de Schalke 04 (en referencia al año de fundación). El club vivió una época de esplendor durante el nazismo, y fue el equipo más exitoso de Alemania durante aquellos oscuros años. Más recientemente, vivió una profunda crisis en los 80, pero resurgió una década después para ganar una UEFA y alzar en varias ocasiones la copa alemana.

Atuendo: Los primeros colores del club fueron el rojo y el amarillo. No se conserva ninguna imagen ni ningún documento de la época que revele cómo eran las primeras equipaciones y sólo se conocen los colores. En 1913, el club adoptó sus colores actuales, el azul regio o real y el blanco. El cambio de colores se anunció en la publicación escrita de la Westdeutscher Spielverband (WSV), la organización que englobaba a los equipos del oeste de Alemania. El motivo del cambio de atuendo habría que buscarlo un año antes, en 1912. Para poder formar parte de la WSV, el Westfalia Schalke tuvo que integrarse en el Turnverein Schalke 1877, un club de gimnasia de Gelsenkirchen, porque la WSV tenía unas estrictas normas que hacían obligatorio que los clubes fueran de clase media, y no de clase obrera como era el Westfalia. Los colores del Turnverein Schalke 1877 eran azul regio y blanco, por lo que su nueva sección de fútbol adoptó estos colores, hasta la actualidad. El apego del club a estos colores es tal que el título de su himno los nombra.

Emblema: Si bien el escudo del Schalke 04 ha sufrido algunas variaciones a lo largo de su historia, el esquema general ha variado poco. El primer emblema nace en 1924, con la independencia del club de fútbol. En un círculo blanco, vemos en azul un 0 y un 4, y entre ambos una 'g' minúscula que se convierte en una 'S' mayúscula (1). Entre 1929 y 1925 el escudo sigue siendo circular, y en él vemos las iniciales F. C. y S. más el 04 (2). En 1945 se adopta un escudo que ya recuerda más al actual. La 'G' se convierte en mayúscula y dentro de ella se insertan la 'S' y el 04 (3). Este esquema se va desarrollando hasta que en 1995 se rediseña otra vez con un esquema prácticamente igual al de la actualidad. Cabe destacar que el espacio azul dentro de la 'G' recuerda al perfil de un martillo minero (4).

Estrellas de su historia: Las primeras estrellas del equipo son Fritz Szepan y Ernst Kuzorra. En los 70 jugó Klaus Fischer, que aún hoy es el máximo goleador de la historia del club. Más recientes son leyendas como Olaf Thon, Marc Wilmots, Kevin Kuranyi, Gerald Asamoah, Benedikt Höwedes, Jiri Nemec o Jan Klaas Huntelaar.

Rivalidades: Como hemos visto en el capítulo dedicado al Dortmund, el Schalke es protagonista de uno de los derbis más calientes e intensos de Europa, el de la cuenca del Ruhr. Además, otro rival es el Bayern de Múnich, enemistad procedente de la época en la que el Schalke y el Hertha de Berlín

Apodos: Dos son los principales apodos del Schalke. *Der Königsblauen* ('Los azules regio'), que no merece más explicación que el uniforme del equipo, y *Der Knappen* ('Los mineros'). El club ha estado vinculado siempre a esta profesión, ya que desde sus orígenes, encontró en los trabajadores de las minas de la zona del Ruhr al grueso de su hinchada. En los últimos años, el club ha potenciado esa identidad minera y por ejemplo, el túnel de acceso al Veltins Arena, el moderno estadio del club, simula ser un túnel minero.

Francia

1.

2.

PSG

PARIS SAINT-GERMAIN

3.

4.

PARIS SAINT-GERMAIN

El PSG, en 1970

Hoy en día, el Paris Saint-Germain o PSG es uno de los más potentes clubes europeos, sobre todo desde la entrada de capital catarí, y que domina con mano de hierro el fútbol francés. Pero es uno de los equipos más jóvenes de la élite europea, ya que nació en 1970. Fue el resultado de la fusión entre el Paris FC y el Stade Saint-Germain. El primero había nacido un año antes para impulsar el club en la capital francesa, mientras que el segundo databa de 1904, y estaba radicado en la localidad de Saint-Germain-en-Laye, a unos 20 kilómetros de la capital. El PSG disputó la primera temporada de su historia en la segunda división francesa y ese primer año logró el ascenso a la máxima categoría. Curiosamente, en 1972 en club se volvió a dividir entre el Paris FC

y un nuevo club que conservó el nombre de Paris Saint-Germain, hasta nuestros días.

Atuendo: Los colores del PSG son el rojo, el azul y el blanco. Los dos primeros corresponden a los de la bandera de la ciudad de París, mientras que el blanco es el color de la realeza francesa, un guiño a la localidad de Saint-Germain-en-Laye, que es famosa por ser la ciudad natal del rey Luis XIV de Francia en 1638. Estos tres colores han estado siempre presentes en el uniforme del equipo. La primera camiseta del club, en 1970, era roja con detalles azules y blanco en cuello y mangas, con pantalón blanco y medias azules. En 1973 accedió a la presidencia del club el diseñador de moda Daniel Hechter (padre del concepto de *prêt-à-porter*), y redibujó el uniforme titular del equipo, creando el esquema más famoso del mismo: camiseta azul con una franja central roja de finos bordes blancos. Hechter quiso homenajear con este uniforme al Ajax de Amsterdam, en aquella época el equipo dominante en Europa, pero con un guiño a la bandera de Francia y a los colores de París y de Saint-Germain-en-Laye. Este esquema se ha mantenido fijo excepto una etapa en los 80, en la que el uniforme titular era blanco con una franja azul y otra roja en la parte izquierda del pecho. A principios de los 90 se retomó el esquema de Hechter, si bien en los últimos años, Nike, la firma que ha vestido al club desde 1989, ha innovado con la disposición de los colores.

Emblema: El primer escudo del PSG era circular. Era un balón de fútbol azul, y en una de sus celdas había insertado un barco rojo. El barco es uno de los símbolos de la ciudad de París (1). En 1972, con la escisión del club, nace el escudo que sirve de base al actual. En una esfera azul vemos una estilizada silueta de la torre Eiffel en rojo. Entre sus 'patas', en blanco, una cuna y una flor de lis, en referencia al hecho explicado antes de que la localidad de Saint-Germain-en-Laye fue donde nació Luis XIV. Entre 1982 y 1991, en la parte inferior del escudo se añadió un dibujo del estadio Parque de los Príncipes (3). En 1992 el escudo se rediseñó radicalmente: tres rectángulos (dos azules y el central rojo) con las letras PSG en blanco en ellos y el nombre completo del club debajo (2). El logotipo no gustó a los fans del equipo y en 1996 se recuperó el actual, que ha sufrido algunas variaciones: la última, en 2013, con la desaparición de la cuna de Luis XIV, quedando sólo entre las patas de la torre Eiffel una flor de lis, que pasa a ser dorada, así como la eliminación del año de fundación para darle más tamaño al nombre de la ciudad de París (4).

Rivalidades: El PSG es uno de los protagonistas de *Le Classique*, el clásico del fútbol francés, que lo enfrenta al Olympique de Marsella. Ambos son los más poderosos clubes del fútbol francés en los últimos años, pero más allá de lo deportivo, el derbi representa también el choque entre el norte y el sur de Francia. Otras rivalidades del PSG en Francia las vive contra el Saint Étienne, que en los 70 era uno de los clubes más potentes del país, o contra el Olympique Lyonnais, dominante en los primeros años de la década de 2000.

Estrellas de su historia: En sus primeros años, hubo estrellas como Luis Fernández o Safet Susic. En la época dorada del club, en los 90, destacan nombres como los de David Ginola, George Weah, Raí, Valdo, Lama, Roche o Le Guen. Más recientes son estrellas como Pauleta y desde la llegada del dinero catarí, destacan nombres como los de Ibrahimovic, Neymar o Mbappé.

Apodos: Los jugadores e hinchas del PSG son conocidos como *Las Parisiens* (los parisinos) o *Les Rouges et Bleus* (los rojos y azules). Ambos apelativos no merecen mayor explicación, pues proceden, obviamente, de la ciudad sede del equipo y de su uniforme.

1.

2.

3.

4.

5.

OLYMPIQUE LYONNAIS

El Lyon, en un partido de 1961

En la tercera ciudad más grande de Francia encontramos a otro de los peces gordos del fútbol galo, el Olympique Lyonnais. El origen del club está en 1898, año en el que nace el Lyon Olympique Universitaire, un equipo multidisciplinar. En 1899 nació la sección de fútbol, bautizada como Racing Club y que durante algunas décadas vivió a la sombra del Lyon FC, otro club de la ciudad del Ródano. En 1945 se hace cargo de la sección de fútbol Félix Louot, que pretende que el equipo dé un salto de calidad. Este

salto pasaba por el profesionalismo, lo que estaba en contra de la filosofía del Lyon Olympique Universitaire. Finalmente, la sección de fútbol se independiza en 1950, naciendo así el Olympique Lyonnais. No fue hasta final de la década de los 90 cuando el OL (también conocido como Lyon a secas) empieza a destacar, y su estallido se produce en la siguiente década, en la que dominó el fútbol francés.

Atuendo: Los colores del OL son los mismos que los del PSG, si bien en el caso del club lyonés, tradicionalmente ha sido el blanco el predominante. Del mismo modo que ocurre con el club parisino, la heráldica local de la villa de Lyon es el origen de la elección de los colores del OL. La primera camiseta fue blanca con pantalón azul, y en la camiseta, una 'V' en tonos rojo y azul. Esta 'V' se convirtió en una franja bicolor horizontal en los años 60, mientras que en los 70 la franja bicolor pasó a ser vertical y a situarse en la parte izquierda del pecho. Entre 1976 y 1990, el equipo cambió el blanco por el rojo como color principal, pero a partir de 1991 se recuperó el esquema inicial. Eso sí, cada año, las marcas proveedoras del club cambiaban el diseño y así, se recuperó la 'V' de los 50, la franja horizontal de los 60, la franja bicolor vertical de los 70 (situada en la izquierda o en el centro de la camiseta).

Emblema: El primer escudo del OL (1950) estuvo inspirado en el de la ciudad de Lyon. De hecho, es muy parecido: con forma pentagonal invertida, en la parte superior, sobre fondo blanco, las letras 'OL' en azul y debajo, sobre fondo rojo, un león rampante blanco (1). En 1972 se rediseñó el emblema, y pasó a constar de un balón de fútbol blanco y negro, y sobre él un león rampante rojo. A la izquierda del león, las letras O y L en azul, una encima de otra (2). En 1980 se sacó una versión parecida del mismo, hasta el giro radical de 1989: el logo se convirtió en las letras O y L en blanco y en su interior, la 'V' bicolor roja y azul de la camiseta tradicional del club (3). En 1996 se recuperó la forma original del escudo, pero invirtiendo los colores: arriba, sobre fondo rojo, el nombre del club. En la parte central, sobre fondo azul, una O y una L blancas, y en el interior de la O, un león rampante dorado (4). En 2006 se hizo un leve retoque hasta el escudo actual (5).

Rivalidades: El Lyon es el protagonista del derbi del Ródano (en francés, '*Derby du Rhône*' o '*Derby des Rhône-Alpes*'), que le enfrenta al AS Saint-Étienne. El derbi se basa en la proximidad geográfica (50 km separan a ambas villas), pero también en que el Saint-Étienne fue el dominador del fútbol francés en los 70 y el OL en los 2000. Y tiene también un carácter social: el ASSE se considera un club más cercano a la clase trabajadora, mientras que el OL lo es de la burguesía. El Lyon disputa otro derbi llamado 'el choque de los Olympiques', que en los últimos años ha empezado a conocerse también por el nombre de 'Olympico'. Enfrenta al equipo del Ródano con otro de los gigantes del fútbol galo, el Olympique de Marsella. Es un derbi más amistoso que el anterior, no obstante.

Estrellas de su historia: Algunos de los más destacados jugadores del Lyon han formado parte de la historia reciente del club: los brasileños Sonny Anderson o Juninho Pernambucano (considerado éste mejor jugador de la historia del equipo) son dos buenos ejemplos. También han aportado muchos jugadores al equipo nacional de Francia, como Sylvain Wiltord o Karim Benzema y más recientemente, Samuel Umtiti o Alexandre Lacazette.

Apodos: El apelativo más conocido del OL es el de *Les Gones*. La palabra *gone* significa 'muchacho' o 'joven' en el argot de la región del Ródano. La explicación está en el origen universitario del club.

1.

2.

3.

4.

5.

OLYMPIQUE DE MARSELLA

El Olympique de Marseille, en 1911

Sólo un club francés puede estar orgulloso de haberse proclamado campeón de Europa: es el Olympique de Marsella, que además, es el club con más seguidores en Francia. Este gigante del fútbol galo nació en 1899, fruto de la fusión de un club de rugby llamado Football Club de Marseille y de un club de esgrima llamado L'Épée. Se eligió la palabra 'Olympique' como nombre porque en un principio, se trataba de un club multideportivo, además de por el auge del olimpismo en aquella época (sólo tres años antes se habían celebrado los primeros Juegos Olímpicos de la era moderna). Además, era un guiño a los orígenes griegos de

la ciudad de Marsella, un vínculo que como veremos a continuación, tiene reflejo en otros aspectos del club. El club de fútbol empezó a competir en 1903.

Atuendo: El club eligió el blanco como primer color para su camiseta, en honor de la pureza del espíritu olímpico preconizado por el barón Pierre de Coubertin. Los pantalones y las medias del primer uniforme marsellés eran de color negro, hasta que en 1920 el pantalón pasó a ser blanco y las medias azules. Esto responde a los colores del escudo de la ciudad de Marsella, así como a los colores de la bandera de Grecia, patria del Olimpismo. Cabe destacar que el azul que se usa actualmente, de un tono más bien celeste, sustituyó a un azul más vivo a partir de la década de los 80.

Emblema: El primer escudo del equipo (1899) estaba formado por una 'O' en cuyo interior quedaba enmarcada una 'M'. Sobre ambas letras, un lema: *Droit au but* ("Directo al gol"), una frase heredada del club de rugby FC de Marseille del que surgió el Olympique (1). En 1930 se estilizó el esquema de la 'O' y la 'M', más cercano al estilo *art décó*, y se eliminó la frase (2). En 1970 se recuperó el concepto de la 'O' y la 'M' entrelazadas y en 1985 el lema *Droit au but* se recuperó (4). Desde entonces, el escudo ha sufrido leves variaciones hasta la versión actual: la 'O' y la 'M' están entrelazadas, el lema queda por debajo de ambas letras y el conjunto está coronado por una estrella dorada, que se incorporó al escudo en 1993 con motivo de la consecución de la Liga de Campeones de aquel año (5).

Rivalidades: En capítulos anteriores hemos visto que el gran rival del OM es el PSG, con quien disputa el clásico del fútbol francés, un derbi que va más allá de lo deportivo y entra en lo social y lo geográfico. También hemos visto que el Marsella es coprotagonista del 'Choque de los Olímpicos', cuando juega contra el Lyon. A nivel local, el OM tiene rivalidades con equipos de su entorno geográfico, como el Niza, el Toulon, el Monaco o el Cannes.

Estrellas de su historia: Por la larga historia del Marsella han pasado destacados jugadores como el sueco Gunnar Andersson, aún máximo goleador de la historia del club, Josip Skoblar, Jean Pierre Papin, Didier Drogba, Franck Ribéry, Rudi Völler, Basile

Boli, Alen Boksic, Didier Deschamps, Steve Mandanda, Samir Nasri o Mathieu Valbuena, entre otros.

Apodos: Dos son los principales apodos del club: *Les Olympiens* ('los olímpicos'), cuyo origen no entraña ningún misterio, y *Les Phocéens* ('los focenses'). Este último mote procede de la región griega -hoy turca- de Focea, de donde procedían los marineros que fundaron Marsella en el año 600 a. C., con el nombre de Massilia.

1.

2.

3.

AS MONACO

El AS Monaco, en 1959-1960

En uno de los países más pequeños del mundo encontramos a otro de los grandes del fútbol francés: la explicación es bien sencilla. El Principado de Mónaco es tan pequeño que no está afiliado ni a la UEFA ni a la FIFA, ni tiene competición de Liga. Así, el principal equipo el AS Monaco, juega asimilado por la Federación Francesa. Nació en agosto de 1924 fruto de la fusión de cinco equipos del Principado. A principios de los años 30 se incorporó a la Liga francesa. En los años 60 vivió su primera época de esplendor, seguida de otra en los años 80, 90 y 2000.

Atuendo: La primera camiseta del equipo, en 1924, fue de color negro. Alternaron con el blanco hasta que en 1940 se adoptaron los colores del Principado de Mónaco, el rojo y el blanco para el uniforme: roja la camiseta y blancos los pantalones. En 1950, el equipo vistió con una camiseta rojiblanca a franjas verticales, hasta que en 1962 adoptó el uniforme que lo ha hecho famoso: la camiseta dividida en una mitad roja y otra blanca, separadas por una línea diagonal. Se dice que fue la princesa Gracia (la actriz estadounidense Grace Kelly, esposa del príncipe Rainiero III) la que diseñó esta camiseta, como ayuda a los intentos de su esposo de potenciar el fútbol en el Principado. La princesa se habría inspirado en el escudo de Mónaco, a rombos rojos y blancos.

Emblema: El escudo del Monaco ha variado poco desde sus inicios. De forma apuntada, la parte central estaba formada por franjas verticales rojas y blancas, con las siglas ASM en la parte superior (1). En 1949 se añadió al escudo una corona real y desde entonces ha sufrido leves variaciones (2). La última, en 2013, consistente entre otros pequeños cambios, en sustituir las siglas ASM por el lema 'AS Monaco FC' (3).

Rivalidades: A nivel local, la mayor rivalidad del AS Monaco la vive con el Niza, equipo contra el que disputa el derbi de la Costa Azul. Se da la circunstancia de que muchos de los seguidores del equipo monegasco proceden precisamente de Niza. Como vimos en el capítulo dedicado al Marsella, los duelos contra este equipo también tienen aroma de derbi, por ser los dos grandes clubes del sur o de la ribera mediterránea de la Liga francesa. Desde Marsella se critica el carácter elitista del Monaco y que el grueso de su hinchada procede de localidades cercanas de Francia e incluso Italia.

Estrellas de su historia: La del Monaco ha sido una de las canteras más prolíficas del fútbol francés y europeo. Por sus filas han pasado estrellas de la selección francesa como Jean-Luc Ettori, Claude Puel, Manuel Amorós, Youri Djorkaeff, Thierry Henry, David Trezeguet, Emmanuel Petit, Patrice Evra, Ludovic Giuly o Kylian Mbappé, más extranjeros como el argentino Delio Onnis (máximo goleador de la historia del club) o más recientemente, el colombiano Radamel Falcao.

Apodos: No son los motes del AS Monaco excesivamente originales, en tanto son conocidos como *Les Monégasques* (los monegascos), *Les Rouges et Blancs* (los rojiblancos, obviamente por los colores del equipo) o *Les Asemistes* (por las siglas A. S, de Association Sportive).

Países Bajos

AMST. FOOTBALL-CLUB
AJAX
1.

AMST. FOOTBALL-CLUB
AJAX
2.

AJAX
3.

AJAX
AMSTERDAM
4.

AFC AJAX

El Ajax, en un partido ante el Sparta en 1912

No caben dudas de que el equipo más importante de los Países Bajos y uno de los más importantes de Europa es el Ajax de Amsterdam. El club nació el 18 de marzo de 1900. Sus fundadores fueron Floris Stempel, Carel Reeser y Han Dade, y el club nació en la cafetería Oost-Indië de la calle Kalver de la capital neerlandesa. En realidad, era el segundo intento de los tres amigos, que en 1893 habían fundado un club ya con el nombre de Ajax, pero que tuvo que disolverse al poco de su andadura, pero no desistieron y volvieron a fundarlo. El nombre de Ajax lo pusieron por uno de los personajes de *La Ilíada* de Homero. Se trata de uno de los héroes del bando aqueo, en concreto Áyax Telamón, que era uno

de los más destacados guerreros griego y que murió imbatido, pues se quitó la vida él mismo. El equipo no se hizo profesional hasta mediados de los 50, y fue en los 70 cuando vivió su época de máximo esplendor.

Atuendo: El primer uniforme del Ajax constaba de camiseta y pantalón negros, con una banda roja en la cintura. Estos son los colores de la ciudad de Amsterdam. Tan solo un año después, el Ajax adaptó el uniforme y lo convirtió en camiseta roja y blanca a franjas verticales, con pantalón oscuro (cada jugador optaba por su modelo, que podía ser negro, azul marino o incluso marrón). En 1911 el club ascendió a la máxima categoría del fútbol holandés, pero la federación le obligó a que cambiara de atuendo, puesto que ya existía un equipo que vestía las franjas rojas y blancas: el Sparta de Rotterdam. Así pues, los responsables del club decidieron simplificar el uniforme y concentraron todas las franjas rojas en una sola, central, en una camiseta blanca, al igual que el pantalón y las medias. Con el tiempo, esta camiseta, casi única en el mundo, se convirtió en una de las más características del fútbol mundial.

Emblema: El primer escudo del Ajax era circular y en su interior se representaba a un jugador del equipo, con el uniforme rojiblanco original (1). En 1911, con el cambio de uniforme, el escudo se adaptó en consecuencia (2). En 1928 fue cuando se adoptó por primera vez la efigie del héroe griego Áyax, también en el interior de un círculo, con el nombre del club en la parte superior izquierda (3). El escudo estuvo vigente hasta 1990, cuando la imagen del héroe se esquematizó. La efigie del guerrero está trazada con 11 líneas, que representan los 11 jugadores de campo del equipo. El conjunto está coronado por tres estrellas, una por cada 10 ligas de Países Bajos que ostenta el club (4).

Rivalidades: En Holanda hay tres equipos grandes y entre ellos se circunscriben las grandes rivalidades. Por lo tanto, se puede decir que los eternos enemigos del Ajax son dos: el Feyenoord y el PSV Eindhoven. El partido que enfrenta al Ajax con los primeros se conoce como *Der Klassieker* (El Clásico). El choque no sólo representa el duelo de dos de los mejores equipos del país, sino el de las dos principales ciudades (Amsterdam y Rotterdam), así como su carácter (la primera representa a la burguesía y la segunda a la clase obrera) e incluso el estilo de juego (más de toque el del Ajax, más aguerrido el del Feyenoord). El otro gran duelo en Países Bajos lo protagonizan Ajax y PSV, equipo de éxitos más recientes que el Feyenoord. En este caso, el duelo también enfrenta dos concepciones diferentes del juego, puesto que a diferencia del Ajax, el PSV ha basado sus éxitos, tradicionalmente, en el trabajo y la fortaleza física.

Estrellas de su historia: Casi tan grande como el propio equipo es el santo y seña del club: Johan Cruyff, considerado uno de los mejores jugadores de la historia de este deporte. El Ajax ha sido también el equipo de algunos de los mejores jugadores de la historia del país como Neeskens, Davids, Seedorf, Bergkamp, Van Basten, Rijkaard, Van der Sar o los hermanos De Boer. En cuanto a los extranjeros, destacar a Litmanen, Luis Suárez, Ibrahimovic o Eriksen.

Apodos: El equipo, sus jugadores y sus hinchas tienen varios apodos. Por ejemplo, uno de ellos es *De Godenzonen* (los hijos de Dios), nombre puesto por los hinchas del club para mostrar su admiración por los jugadores. Otro apodo popular es el de *De Joden* (los judíos). El caso del Ajax es similar al del Tottenham inglés. La proximidad del antiguo estadio con el barrio judío de la ciudad provocó que el equipo tuviera muchos seguidores de esta religión. La hinchada, independientemente de su credo, adoptó esta identificación y es muy habitual el uso de la *Magen David* en su simbología, lo que también provoca los ataques antisemitas de otros fans. *De Ajacieden* es otro apodo, que no merece más explicación que la derivación del propio nombre del club.

R.V.V.
FEYENOORD

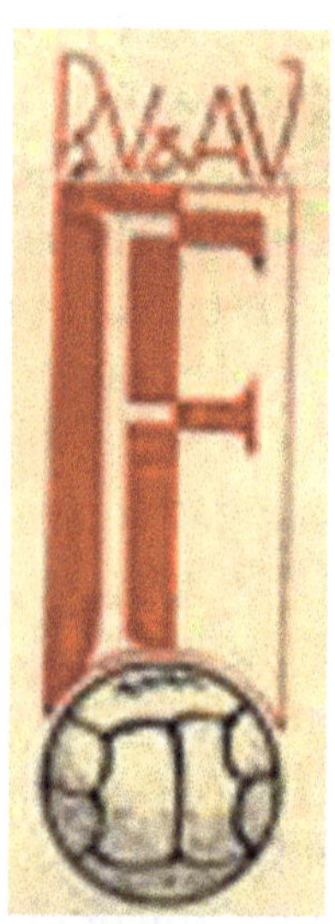
RV&AV
F

FEYENOORD
F
ROTTERDAM

FEYENOORD

El Feyenoord, en 1966

Quizá a la sombra del Ajax, pero con no poco éxito a nivel nacional y europeo está el gran equipo de la ciudad portuaria de Rotterdam, el Feyenoord. Nació en 1908 en la cafetería De Veereniging bajo el nombre de Wilhelmina, aunque al año siguiente cambió su nombre a Hillesluise FC. Se unieron a la Federación de Fútbol de Rotterdam, pero al existir otro nombre con las siglas HFC, se vieron a cambiar de nombre por segunda vez, adoptando el de RVV Celeritas. Cuando el club ascendió en 1912 a la primera categoría del fútbol holandés, coin-

cidió con otro Celeritas, por lo que de nuevo se vio obligado a cambiar de nombre y adoptó el de SC Feijenoord, ya que éste era el nombre del distrito de la ciudad en el que se fundó el club. En 1974 pasó a estandarizar su nombre y pasó a llamarse Feyenoord, para facilitar la pronunciación del equipo en el resto de Europa.

Atuendo: El club ha tenido tres diferentes uniformes a lo largo de su historia. El primero fue camiseta roja con mangas azules y pantalón blanco, que estuvo vigente en las etapas en las que el club se llamó Wilhelmina y Hillesluise. Con el cambio de nombre a Celeritas, se adoptó una camiseta a franjas amarillas y negras, también con pantalón blanco. Fue en 1912, cuando el club adoptó su nombre actual cuando empezó a vestir con el uniforme habitual: camiseta roja y blanca a dos mitades y pantalón negro.

Emblema: El primer escudo del Feyenoord data de 1912 y era un círculo relleno de franjas rojas y blancas, con el nombre del club alrededor (1). En 1924 se convierte en una 'F' mayúscula enmarcada en un rectángulo a dos mitades rojo y blanco (2). Finalmente, una combinación de ambos modelos (estructura circular y la 'F' mayúscula) conformó el reconocible escudo actual, consistente en un círculo a dos mitades rojo y blanco, rodeado por una circunferencia negra con el nombre del club y en el centro, la 'F' dorada (3).

Rivalidades: Dos son las principales rivalidades del Feyenoord. La ya citada con el Ajax de Amsterdam, con quien protagoniza el clásico del fútbol neerlandés, y a nivel local con el Sparta de Rotterdam, un club más antiguo que el propio Feyenoord, si bien la animadversión es más intensa en los hinchas del Sparta que en los del Feyenoord.

Estrellas de su historia: La gran leyenda de la historia del club es Coen Moulijn, el jugador con más partidos de la historia del club, que formó parte de su plantilla entre 1955 y 1972. Otros jugadores destacados, más recientes, son Ruud Gullit, Giovanni van Bronckhorst, Dirk Kuyt o los extranjeros Larsson (sueco) o Tomasson (danés).

Apodos: El Feyenoord tiene varios motes. Por ejemplo, el de *De club aan de Maas* (el club del Mosa -el río en cuyo delta se erige la ciudad de Rotterdam-), o *De Trots van Zuid* (el orgullo del sur, por la situación geográfica de la ciudad portuaria). Otro apodo, de carácter más político, es el de *De club van het volk* (el club del pueblo).

1.

2.

3.

4.

PSV

Formación del PSV en 1929

Si algún equipo puede discutirle al Ajax el liderazgo del fútbol holandés, sobre todo desde la década de los 80 a la actualidad, ése es el PSV Eindhoven, un equipo de gran tradición en Europa, continente del que fue campeón en 1988. La primera versión del club nació en 1910 y fue fundado por la compañía Philips, sita en Eindhoven, para solaz de sus trabajadores. Problemas financieros provocaron la disolución del equipo, que fue refundado en 1913, como club polideportivo, para conmemorar el centenario de la derrota de Napoleón. En 1916, la sección de fútbol se independiza, naciendo así el Philips Sports Vereining, cuyas siglas, PSV, son las que han hecho famoso al equipo.

Atuendo: Desde sus inicios, los colores del club han sido rojiblancos. Se cree que el primer presidente del equipo, Jan Willem Hofkes, los eligió en la reunión fundacional del equipo, en 1913, inspirado por el color rojo de la bebida de frambuesa que estaba tomando y por el blanco de las páginas de su cuaderno. Así, la primera camiseta fue a franjas rojas y blancas, con pantalón negro. A mediados de los 70, el equipo lució camiseta roja, alternando el blanco y el negro como color del pantalón, hasta que en 1989 se recuperaron las franjas. Desde entonces se han mantenido como principal uniforme del equipo, con diferentes diseños y grosores, mientras que el pantalón ha sido negro o blanco, dependiendo de la temporada.

Emblema: Los dos primeros escudos del equipo (1914 y 1917) hacían referencia a la industria de Philips, pues en ellos, dentro de una circunferencia, se representaba una bombilla (1). En el de 1917 se incluía también el nombre de la compañía (2). En 1933 se creó un un óvalo rodeado de laureles, con franjas rojiblancas en su interior y sobre ellas, un banderín triangular con las letras PSV (3). En el año 2014 se eliminaron los puntos tras las letras y se añadió en la parte inferior la fecha de fundación del equipo (4).

Rivalidades: El principal rival del PSV, como vimos antes, es el Ajax de Amsterdam, club con el que se disputa la hegemonía del fútbol neerlandés. Es en este derbi en el que los hinchas del PSV sacan a relucir con más pasión su orgullo regional y de origen campesino (pese a, curiosamente, nacer en una industria) en contraposición al carácter más urbano y elitista de Amsterdam.

Estrellas de su historia: Del PSV han salido grandes leyendas del fútbol neerlandés, como Ruud Gullit, Ronald Koeman, Philip Cocu, Arjen Robben o Ruud van Nistelrooy. Pero uno de los aspectos por los que se recuerda al club es porque fueron los que llevaron a Europa a dos de los mejores delanteros brasileños de todos los tiempos: Romário y Ronaldo Nazario. Ambos goleadores dieron un extraordinario resultado en el equipo de Eindhoven y, curiosamente, ambos dieron el salto desde este equipo al FC Barcelona.

Apodos: En Países Bajos, hinchas y jugadores del PSV son conocidos como *boeren* (granjeros o campesinos), por la ubicación de Eindhoven, en la provincia de Brabante, eminentemente agrícola y ganadera. Por el origen del equipo en la factoría Philips también son conocidos como *Lampen* (las bombillas) y de una manera más obvia, también son llamados los *Rott-witten* (rojiblancos).

Portugal

E PLURIBUS UNUM
S.L.

1.

E PLURIBUS UNUM
S.L.B.

2.

E PLURIBUS UNUM
S.L.B.

3.

E PLURIBUS UNUM
S.L.B.

4.

BENFICA

El Benfica, en 1904

Un país de mucha tradición futbolística es Portugal. En él hay tres grandes equipos y el tradicionalmente más potente es el Benfica. En febrero de 1904, un grupo de exestudiantes de la Real Casa Pia de Lisboa, que formaban una asociación llamada Associaçao do Bem, se reunieron en la parte trasera de la farmacia Franco de la calle Belem para crear un club de fútbol al que llamaron Sport Lisboa. Cuatro años después, el club absorbió un equipo local llamado Grupo Sport Benfica (Benfica es el nombre de un barrio o parroquia de la capital lisboeta) y el club pasó

a llamarse Sport Lisboa e Benfica, nombre que mantienen en la actualidad.

Atuendo: El Benfica es uno de los equipos de camiseta roja más reconocidos del mundo. Su esquema de camiseta roja y pantalón blanco ha permanecido invariable desde su propia fundación, ya que fueron los colores elegidos por los fundadores del Sport Lisboa, y se mantuvieron tras la fusión con el Grupo Sport Benfica. El rojo fue elegido como símbolo de valentía, mientras que el blanco se escogió por simbolizar la paz.

Emblema: Ya en sus inicios, el emblema elegido para el club fue el águila, por ser un animal que representa la independencia, la autoridad y la nobleza. Por ello, este ave coronaba el primer escudo del club. De sus garras colgaba el lema latino *De pluribus unum* ("De muchos, uno solo"). En la parte central del escudo, un balón de fútbol sobre dos mitades, una roja y otra blanca y sobre todo el conjunto, una banda con las letras S y L (1). Cuando el equipo se fusionó con el Grupo Sport Benfica, al escudo anterior se la añadió una rueda de bicicleta, puesto que el ciclismo era uno de los deportes que practicaba el club absorbido (2). En 1939, el fondo del lema *De pluribus unum* se tiñó con los colores de la bandera de Portugal (rojo y verde) y desde entonces el escudo ha sufrido escasas variaciones (4).

Rivalidades: El Benfica tiene dos grandes rivales a nivel nacional: el Sporting, con quien disputa el llamado derbi de Lisboa, y el Porto, con quien protagoniza *O Clássico*. En el primer caso, la rivalidad es casi tan antigua como los propios clubes, y la animadversión entre ellos nació cuando en 1907, un grupo de jugadores del Benfica se unió al Sporting. El partido se conoce también como *dérbi eterno*. En cuanto al 'clásico' contra el Porto, el partido representa también la rivalidad entre las dos grandes ciudades de Portugal: Lisboa y Oporto. Además, ambos clubes son los más exitosos del fútbol luso en Europa.

Estrellas de su historia: No cabe duda de que Eusébio es la estrella legendaria y jugador más carismático de la historia de Lisboa. El jugador de origen mozambiqueño lideró al Benfica a ganar la Copa de Europa y a Portugal a ser tercera en el Mundial

de 1966. El Benfica ha sido una fuente inagotable de grandes jugadores para Portugal: Chalana, Rui Costa, Germano o Augusto son ejemplos de ello.

Apodos: Los jugadores del Benfica son *As Águias* (las águilas), por ser el animal que ilustra su emblema. Por sus éxitos es también conocido en Portugal como *O Glorioso*, mientras que por el color de sus camisetas, también son *Os Encarnados*.

1.

2.

3.

4.

PORTO

Una de las primeras formaciones del Porto

Al norte de Portugal, en la ciudad de Oporto, encontramos a no sólo uno de los grandes equipos de Portugal, sino a uno de los grandes del fútbol europeo. La vinculación de Oporto con Gran Bretaña, debido al muy apreciado vino de esta zona de Portugal, es en parte causa del origen del fútbol en la ciudad. António Nicolau de Almeida, un comerciante de vinos, conoció en Inglaterra el nuevo deporte del fútbol a finales del siglo XIX, y quedó entusiasmado. Así, en septiembre de 1893 fundó el Foot-Ball Club do Porto. Poco después del 1900, el club entró en un periodo de inactividad, hasta que en 1906, José Monteiro da Costa, que había estudiado en Inglaterra, decidió 'resucitar' el club y en

1907 jugó su primer partido. Durante mucho tiempo, se adoptó el año de 1906 como el de fundación del equipo, pero posteriormente y en la actualidad, se acepta 1893 como año fundacional.

Atuendo: El primer uniforme del Porto era una camiseta blanca con el cuello y los puños en rojo, y lo alternó con el uso de camisetas rojas. Pero en 1909, José Monteiro da Costa propuso que el club vistiera con una camiseta a franjas azules y blancas. Hubo cierto debate, porque algunos socios proponían que el club adoptara los colores de la ciudad (verde y blanco), pero Da Costa impuso su opinión, ya que en aquella época la bandera de Portugal era azul y blanca (que eran los colores en su monarquía) y el presidente consideraba que el club debía representar no sólo a la ciudad de Oporto, sino a todo el país. Desde entonces, el club ha lucido franjas blanquiazules.

Emblema: El primer escudo del club, de 1900, consistía en las siglas del mismo en una circunferencia (1). En el año 1910 se adoptó como emblema un balón de fútbol azul con las siglas FCP en él (2). En 1922, Simplício, que era futbolista del equipo y además diseñador gráfico, rediseñó el escudo y le añadió en la parte superior el antiguo escudo de la ciudad de Oporto, que incluía un dragón (que en 1940 fue retirado de la heráldica de la ciudad por el dictador Salazar, aunque no de la del club) y el lema 'Invicta' (3). En 2005 se le dio un pequeño 'lavado de cara' al escudo, con mínimos cambios (4).

Rivalidades: El Porto protagoniza el clásico del fútbol portugués, un derbi que va más allá de lo futbolístico por ser el choque entre la capital y la segunda gran ciudad del país. El equipo portista también protagoniza cierta rivalidad con el Sporting, si bien ambos clubes coinciden en su animadversión por el Benfica. A nivel local, el Porto disputa con el Boavista el derbi de la ciudad de Oporto (que en Portugal se conoce como *O Derbi da Invicta* -'invicta' es un apelativo de la ciudad-).

Estrellas de su historia: El Porto ha tenido jugadores fundamentales para la selección portuguesa, como Paulo Futre, Joao Pinto, Vitor Baia, Paulo Ferreira, Ricardo Carvalho, Fernando Couto, Jorge Costa o Ricardo Quaresma, pero también extranjeros importantes como el argelino Madjer, los brasileños Jardel y Deco o el peruano Cubillas.

Apodos: El apodo por el que el mundo del fútbol conoce a jugadores e hinchas del Porto es el de *Dragoes* (dragones). Como hemos visto antes, el dragón forma parte del escudo del club porque antes formaba parte del escudo de la ciudad. Este emblema fue concedido a la ciudad por el rey Pedro IV de Portugal, como símbolo de invencibilidad y espíritu de lucha. El propio estadio del club se llama Do Dragao o del Dragón. Menos explicación requiere otro de los apodos del club: *Azuis e brancos*.

1.

2.

3.

4.

SPORTING CP

El Sporting, en 1916

El tercer grande de Portugal está en la capital y si por algo destaca no es tanto por sus laureles, sino porque es famoso mundialmente por los productos de su academia, considerada una de las mejores del planeta. El equipo fue fundado cuando los hermanos Horta y Jose Maria Gavazzo se unieron a un aristócrata llamado José Alvalade para fundar un club llamado Campo Grande Football Club. Algunos socios no estaban interesados en la parte deportiva del club y sí en la social, así que en 1906 decidieron fundar un club estrictamente deportivo y lo llamaron Sporting Clube de Portugal, puesto que en aquella época se estilaba recurrir al idioma inglés.

Atuendo: Los colores del Sporting son el verde y el blanco desde sus orígenes. El color verde lo propuso el vizconde de Alvalade, abuelo de José Alvalade, principal patrocinador económico del club y primer presidente honorario. La elección de este color se debe a las esperanzas que el vizconde tenía puestas en el nuevo club. Pese a ello, las primeras camisetas del club fueron blancas. En 1908 el uniforme pasó a ser verdiblanco a dos mitades, hasta que a finales de los años 20, el equipo de fútbol heredó las camisetas que usaban los jugadores de la sección de rugby del club: a listas horizontales verdes y blancas (disposición más típica del deporte del balón oval). Desde entonces, el diseño de la camiseta ha permanecido prácticamente invariado.

Emblema: Desde sus orígenes hasta la actualidad, el emblema del Sporting CP ha tenido los mismos ingredientes: fondo verde, las siglas del club (SCP) y un león rampante, que fue blanco y en la actualidad es dorado. En 1907, sobre fondo verde, el león estaba rodeado de las siglas (1). En 1913 el león se quedó solo y se le rodeó de una circunferencia en la que figuraba el nombre completo del equipo (2). En 1930 se retoma el concepto de león y siglas en el mismo espacio, y en 1945 las siglas pasan a la parte superior del escudo, esquema que se sigue en la actualidad (3). Ahora, parte del fondo del escudo presenta también rayas blancas y en el interior se añaden las palabras 'Sporting' y 'Portugal' (4).

Rivalidades: El eterno rival del Sporting es el Benfica, el otro gran equipo de la ciudad de Lisboa. La historia de estos enfrentamientos está cuajada de 'traiciones' de jugadores de un equipo que fichan por el otro, algo que ocurrió por primera vez en 1907, cuando un grupo de futbolistas del Benfica se pasó al Sporting por presentar este mejores condiciones en los entrenamientos. El otro gran equipo portugués, el Porto, también es un tradicional rival del Sporting, pero ambos están unidos por su odio común al Benfica.

Estrellas de su historia: El Sporting está considera como uno de los clubes del mundo con mejor cantera de futbolistas. Cristiano Ronaldo, Luis Figo, Ricardo Quaresma, Paulo Futre o Nani han salido de su academia, aunque para desgracia del club, casi siempre

estos jugadores salen muy jóvenes de la disciplina sportinguista para recalar en otros equipos de mayor poderío económico.

Apodos: Jugadores e hinchas del Sporting son conocidos como *Leoes* ('leones'), por el animal heráldico del escudo del club. La presencia del león en el emblema también tiene orígenes aristocráticos, puesto que se adoptó por ser el animal representado en el escudo de los condes de Pombeiro, siendo uno de sus representantes, Fernando de Castelo Branco, uno de los primeros socios del club.

BÉLGICA

S C A

1.

R.S.C.
ANDERLECHT
SCA
MENS SANA
IN
CORPORE SANO

2.

SCA
R.S.C.
ANDERLECHT

3.

SCA
MENS SANA
IN
CORPORE SANO

4.

ANDERLECHT

Anderlecht 1967

En la capital belga encontramos al más laureado de los equipos del país, un clásico también del fútbol europeo llamado RSC Anderlecht. En mayo de 1908, una docena de amantes del fútbol se juntaron en el café Concordia del municipio de Anderlecht, en la región de Bruselas. Allí fundaron el Sporting Club Anderlechtois. En 1933, al nombre se le añadió el adjetivo de 'Royal'

y en 1993 acabó simplificándose como Royal Sporting Club Anderlecht, nombre por el que se le conoce ahora.

Atuendo: Los colores del club han sido siempre el malva y el blanco. El motivo por el que se eligieron estos colores es bastante curioso. Se adoptaron porque era el color de las flores que adornaban el carruaje de Isabel de Baviera, reina consorte de Bélgica (1909-1934) durante una visita al municipio de Anderlecht.

Emblema: El primer escudo del club estaba formado por dos círculos, uno malva y otro blanco, entrelazados, con las siglas del club (1). En la actualidad, el blasón es bastante más elaborado. Contiene el emblema de Anderlecht (que representa a St. Guidon). A ambos lados, tres franjas malvas y blancas y en la parte superior, los dos viejos anillos entrelazados con las siglas SCA. Bajo ellos, el lema latino *Mens sana in corpore sano*; a los lados, dos banderas belgas para simbolizar el orgullo patrio del equipo y encima de ello, la corona real de Bélgica. Posteriormente se le añadieron estrellas a la parte superior. Cada una de ellas simboliza 10 ligas belgas (4).

Rivalidades: El Club Brugge y el Standard de Lieja son los dos grandes rivales del Anderlecht a nivel nacional. Estos dos clubes rivalizan con el equipo bruselense por la hegemonía del fútbol belga, si bien el Anderlecht es el equipo más exitoso tanto a nivel nacional como en Europa. Es el partido contra el Standard el que se considera el clásico del fútbol belga. Como en otros casos que hemos visto, la rivalidad trasciende lo deportivo. Lieja es una ciudad de Valonia, la parte francófona del país, mientras que el Anderlecht ha sido tradicionalmente un equipo de influencia flamenca. Lieja representa además la parte obrera del país, mientras que Bruselas representa a la burguesía y trabajos de cuello blanco.

Estrellas de su historia: Entre las principales estrellas de la historia del Anderlecht podemos destacar a jugadores como los belgas Rie Meert, Joseph Mermans, Jef Jurion, Paul van Himst o, más recientemente, Vincent Kompany. De entre los extranjeros destacan el español Lozano, los neerlandeses Mulder y Rensenbrink o el danés Olsen.

Apodos: El Anderlecht es conocido en Bélgica como el equipo *Paars en wit* o en francés, *Mauve et blanc*, construcción que en ambos casos significa malva o púrpura y blanco. Las siglas RSCA también se suelen usar para referirse al club, así como la procedencia del mismo cuando se usa el apelativo de *Les Bruxellois*.

Turquía

1.

2.

GALATASARAY

El Galatasaray, en 1905

Los turcos están entre los hinchas más apasionado del mundo y esa pasión la reflejan en los grandes clubes del país. El más laureado de todos es el Galatasaray SK de Estambul, que además es el único equipo otomano que ha saboreado las mieles del triunfo europeo. El club nació en octubre de 1905, de la mano de un grupo de estudiantes del instituto Galatasaray, liderados por Ali Sami Yen. El nombre original de la institución educativa era *Galata Sarayi Enderun-u Hümayunu*, que se podría traducir como Escuela Imperial del Palacio de Galata. El nombre acabó convir-

tiéndose en Galatasaray, palabra compuesta que literalmente significa 'Palacio de Galata'. Galata, a su vez, es el nombre de un barrio de Estambul fundado por marinos genoveses.

Atuendo: El primer uniforme del equipo fue camiseta roja y pantalón blanco como homenaje a los colores nacionales, pero por presiones políticas se cambió a una camiseta amarilla y negra a dos mitades. Este uniforme duró dos años, porque tras una severa derrota, se consideró de mal fario. Así pues, en 1908 los directivos del equipo se pusieron a buscar uniformes y el propio Ali Sami Yen relató que en una tienda de tejidos, el comerciante les enseñó una tela de color rojo oscuro y otra de color amarillo casi anaranjado. Según el fundador del club, al ver ambas telas juntas pensaron en la belleza de un jilguero y en llamas ardiendo, así que adoptaron estos colores. El primer esquema utilizado fue el que más tradición ha tenido: camiseta roja y amarilla en ocho bloques (cuatro en la parte delantera y cuatro en la trasera, contando las mangas, de tal manera que el amarillo y el rojo siempre se alternen) y pantalón blanco. Más recientemente, las marcas proveedoras de los uniformes del club han innovado y, por ejemplo, algunas temporadas el uniforme se ha presentado en franjas verticales.

Emblema: El primer emblema del club fue un águila con un balón de fútbol, pero en los años 20 se sustituyó por el emblema del instituto, formado por las letras árabes *ghayn* y *shin*, es decir, los equivalentes de la 'G' y la 'S' correspondientes a las palabras que forman el nombre Galatasaray (1). La *ghayn* era roja y la *shin* amarilla. Posteriormente, cuando en Turquía se desterró el alfabeto árabe y se adoptó el alfabeto turco (inspirado en el latino), el escudo se formó con una 'G' y una 'S', de nuevo en rojo y amarillo. El escudo incluye un '1905' por ser el año de fundación y en la parte superior, cuatro estrellas, una por cada cinco ligas turcas (2).

Rivalidades: Existen en el mundo pocas rivalidades más calientes que la que protagonizan el Galatasaray y el otro gigante del fútbol turco, el Fenerbahçe. Los turcos llaman a este partido *Kitalararasi Derbi*, esto es, el 'derbi intercontinental'. El motivo es

que el Galatasaray está situado en la parte europea de la ciudad, es decir, al oeste del estrecho del Bósforo, y el Fenerbahçe en la parte asiática, al este del estrecho. Conocido también como *Ezeli Rekabet* ('eterna rivalidad'), este enfrentamiento tuvo su primer partido en 1909.

Estrellas de su historia: Algunos de los mejores jugadores de la historia de Turquía han formado parte de la plantilla del Galatasaray, como Hakan Sukur, Nihat Bekdik, Bülent Korkmaz, Fatih Terim (casi más famoso como entrenador que como futbolista), Tugay Kerimoglu o Arda Turan. Además, el club ha contado con extranjeros del nivel de Gheorghe Hagi, Gheorghe Popescu, Claudio Taffarel, Mario Jardel o Wesley Sneijder.

Apodos: Los motes del Galatasaray son abundantes y variados. Sus hinchas llaman al equipo *Cimbom*, nombre de incierta procedencia. También son los *Aslanlar*, es decir, los 'leones', apodo que procede del futbolista Nihat Bekdik, que jugó en el equipo entre 1916 y 1936 y era apodado *Aslan* o el León por su fiereza y por lucir una camiseta con la efigie de un león. Otro mote es el de *Avrupa Fatihi* ('el conquistador de Europa', por sus éxitos en competiciones de la UEFA) o *Sari-Kirmizililar*, que hace referencia a los colores amarillo y rojo del club.

1.

2.

FENERBAHÇE

El Fenerbahçe, en 1907

El otro gran equipo turco es el Fenerbahçe, equipo fundado en 1907 en el barrio del mismo nombre del distrito de Kadiköy, en la ciudad de Estambul. Fenerbahçe significa, literalmente, 'faro del jardín'. El club nació de manera clandestina, puesto que el sultán turco había prohibido la práctica de este deporte a sus súbditos, si bien en dos años la situación se regularizó y, como hemos visto en el capítulo anterior, en 1909 ya disputó su primer derbi de Estambul ante el Galatasaray.

Atuendo: La primera camiseta del equipo era amarilla y blanca a listas verticales. Estos colores se eligieron por ser el color de los narcisos situados en las proximidades del Faro de Fenerbahçe, el principal hito arquitectónico del barrio. Las primeras camisetas eran de invierno, muy gruesas, de tal modo que en verano eran insoportables. Ziya Songülen, uno de los fundadores del club, pidió a un comerciante británico llamado Baker un juego de camisetas amarillas y blancas más ligeras, para verano, pero Baker le comunicó que no llegarían a tiempo, así que le ofreció a cambio un juego de camisetas a franjas azules y amarillas. Songülen aceptó y esta combinación fue la que se instauró definitivamente, hasta nuestros días.

Emblema: El escudo del club ha permanecido más o menos invariable a lo largo de los años. Lo diseñó uno de los jugadores del club, Hikmet Topuzer, cuando se produjo el cambio de uniforme. En una estructura circular, el anillo exterior es blanco con el nombre del club y el año de su fundación y el interior rojo. Topuzer eligió estos colores por ser los de la bandera turca. Sobre la parte roja, un escudo con tres franjas, dos azules y una amarilla, por los colores del equipo. Y sobre este escudo, una hoja verde de roble, que según el diseñador representa resistencia, poder y fuerza. Cabe destacar que la primera versión del escudo estaba en alfabeto árabe (1) y en 1928, cuando se adoptó el alfabeto turco (similar al latino), el emblema del club también cambió (2).

Rivalidades: En el capítulo anterior, dedicado al Galatasaray, hemos visto que el choque entre los dos grandes equipos estambuliotas es uno de los más apasionados del mundo. Hay que tener en cuenta que tradicionalmente, el Galatasaray estaba considerado como el equipo de la aristocracia turca, y de hecho nació en una escuela, mientras que el Fenerbahçe procede de una zona donde la clase trabajadora tiene más presencia y el equipo representa a los obreros, si bien con el paso de los años, estos perfiles se han ido difuminando y ambos equipos tienen seguidores en todos los segmentos de la población turca. No obstante, el Fenerbahçe se vanagloria de tener más seguidores que el Galatasaray en la capital.

Estrellas de su historia: Se considera que la principal estrella de la historia del Fenerbahçe fue Lefter Küçükandonyadis, un jugador de origen griego que jugó en el club en los 50 y 60 y fue internacional turco. Fue tan famoso que es nombrado en el himno del club. Can Bartu o más recientemente, Rüstü Reçber o Tuncay Sanli, son otros ejemplos de destacados jugadores turcos del club, a los que habría que sumar extranjeros como el uruguayo Lugano, los brasileños Alex y Roberto Carlos o el nigeriano Okocha.

Apodos: Los jugadores del Fenerbahçe (también llamado 'Fener', para acortar) son conocidos en Turquía como los *Sari-Kanaryalar*, que significa 'los canarios amarillos', por los colores originales del club. Otro apodo relativo a los colores del equipo es el de *Sari-Lacivertliler*, que vendría a significar los 'amarillos y azules'.

UCRANIA

1.

УРСР

2.

КИЇВ

3.

ФУТБОЛЬНИЙ КЛУБ
КИЇВ
1927
ДИНАМО

ФУТБОЛЬНИЙ КЛУБ
КИЇВ
1927
ДИНАМО

ФУТБОЛЬНИЙ КЛУБ
КИЇВ
1927
ДИНАМО

4.

КИЇВ

5.

DYNAMO

El Dynamo, en 1928

Dentro de la extinta Unión Soviética, una de las fuerzas dominantes era la república de Ucrania, que aportó importantes jugadores a la selección de la URSS. Este dominio se reflejó también en que uno de los más importantes equipos soviéticos era ucraniano: el Dynamo de Kiev, que tras la independencia ucraniana si-

guió dominando el fútbol de su país. Fue fundado en 1927, si bien hay que tener en cuenta que cuatro años antes, Felix Dzerzhinsky, jefe de la policía secreta soviética, fundó una sociedad nacional llamada Dynamo, que posteriormente sería el paraguas bajo el que colgarían equipos a lo largo de toda la URSS e incluso países de la órbita comunista. Así, hubo Dynamos en Tiflis, en Moscú, en Dresde, en Minsk, en Tirana, en Bucarest, en Zagreb o en Riga, entre muchos otros. Como decíamos, el de Kiev nació en 1927 de la mano del jefe de la GPU o policía secreta soviética en la capital ucraniana. Su primer partido oficial lo disputó en 1928.

Atuendo: Los colores de la sociedad Dynamo son el blanco y el azul, por lo que el Dynamo de Kiev los usó desde sus inicios. El primer uniforme fue de camiseta blanca y pantalón azul, si bien entre 1930 y 1935, la camiseta fue azul y blanca a listas verticales y de 1936 a 1941, fue blanca con una franja horizontal azul. Posteriormente, el blanco y el azul como color secundario han marcado los uniformes del equipo. Cabe destacar que en los primeros años tras la independencia de Ucrania, el club asumió los colores de la bandera del país, es decir, amarillo y azul, aunque regresó al blanco a mediados de los 90.

Emblema: Al igual que ocurre con el uniforme, el escudo del Dynamo de Kiev es deudor del emblema de la sociedad Dynamo. Así el escudo del equipo, desde 2011, es un rombo azul y, en su interior, una 'D' cirílica en cursiva (que curiosamente, resulta ser muy parecida a la del alfabeto latino). Sobre el rombo, el club luce dos estrellas, una por cada diez campeonatos ligueros ganados (5). Hay que tener en cuenta que en este recuento entran por igual las ligas soviéticas y las ucranianas. Entre 1972 y 1989, el fondo del escudo era azul y rojo, por ser este el color de la URSS (2). En 1989, con el desmoronamiento de la Unión Soviética, el escudo se simplificó a la 'D' cirílica y al nombre de la ciudad bajo ella (3). En 1996, la 'D' se inserta en un círculo amarillo y se añade el año de fundación del club. Una circunferencia con el nombre entero del equipo completaba el conjunto (4).

Rivalidades: Durante su etapa soviética, el principal rival del Dynamo de Kiev era el Spartak de Moscú, el otro gran equipo

de la URSS. Posteriormente, con la caída del bloque, el principal rival a nivel nacional es el Shakhtar Donetsk. El partido se llama *Klasychne* ('el clásico'), pese a que la rivalidad se ha encendido en los últimos años, coincidiendo con el auge deportivo del Shakhtar, que lo ha llevado incluso a ser uno de los más destacados equipos de Europa y a ensombrecer el dominio del Dynamo.

Estrellas de su historia: El Dynamo no sólo presume de haber tenido en sus filas a algunos de los mejores jugadores de la URSS o de Ucrania, sino también del mundo. Ejemplos son Oleg Blokhin e Igor Belanov, ambos ganadores del Balón de Oro. Zavarov, Mykhaylychenko, Rebrov, Shevchenko o Yarmolenko son otras estrellas de su historia.

Apodos: No es el Dynamo de Kiev un club que destaque por la variedad de sus apelativos. El que se suele usar para referirse a los jugadores del equipo es el de *Bilo-Syni*, que no tiene más traducción de 'blanquiazules'.

1.

ШАХТЕР
ДСО

2.

ШАХТЕР
Донецк

3.

ФК
ДОНЕЦК
ШАХТЕР

4.

FC
DONETSK
SHAKHTAR

ШАХТАР
1936

5.

SHAKHTAR

Shakhtar, entonces Stakhanovets, en 1937

En la ciudad de Donetsk, al este de Ucrania, encontramos al más exitoso equipo de este país en los últimos años, no sólo dentro de sus fronteras, sino también en Europa, donde se ha convertido en un asiduo de la Liga de Campeones. Bajo los auspicios del Gobierno soviético, en 1936, nace el club con el hombre de Stakhanovets, puesto que pertenecía al llamado 'movimiento Estajanovista', que a su vez estaba inspirado por la figura del famoso minero Alexei Stajanov, cuya capacidad de trabajo sin descanso en las minas de carbón de la región del Donbass lo convirtieron en un héroe propagandístico soviético. Diez años después,

la sociedad cambió su nombre y con ella el equipo, pasando a llamarse Shakhter, palabra que significa en ruso 'mineros', aunque en 1992 se adoptó la versión ucraniana de la palabra: Shakhtar.

Atuendo: El primer uniforme del club era azul y rojo, que eran los colores del movimiento Estajanovista, aunque también en sus inicios lucieron camisetas rojas. En los años 50, el equipo lució camisetas verdes, hasta que en 1961 se adoptaron como colores principales el naranja y el negro. Según el club, se trata de dos colores tradicionalmente vinculados a la región del minera del Donbass, por ser los colores del fuego y el carbón, si bien curiosamente son los colores de la cinta de San Jorge, un distintivo que tradicionalmente han lucido los prorrusos de Ucrania y que de hecho está prohibido en este país. Dependiendo de la temporada, la camiseta del Shakhtar ha sido naranja y negra a franjas verticales, naranja entera con pantalón negro o naranja con mangas negras.

Emblema: El primer emblema del club era un hexágono azul con una 'S' cirílica en rojo en el centro y la silueta de un martillo neumático (1). En 1946 el emblema cambió para incluir una torre minera y el nombre del equipo en ruso (2). En los 60 se produjo otro cambio, pasando el emblema a ser una circunferencia blanca en cuyo centro había dos martillos cruzados, con el nombre del equipo alrededor (3). En los 80 el escudo fue rediseñado y se añadió el color naranja del equipo, un balón de fútbol y la representación de un terreno de juego, logotipo que sufrió una revisión a finales de los 90 (4). Finalmente, en 2007 se adoptó el actual emblema del club, con forma ovalada, representa la letra cirílica 'Sh' como si fuera una llama ardiente, bajo la cual se lee el nombre del equipo (por primera vez, en idioma ucraniano), el año de fundación (1936) y el antiguo símbolo de los dos martillos cruzados (5).

Rivalidades: Como vimos en el capítulo anterior, el Shakhtar protagoniza junto al Dynamo de Kiev el derbi más popular de Ucrania, que además de lo deportivo tiene un componente político, puesto que el equipo de la capital ha sido siempre un refugio el nacionalismo ucraniano antirruso, mientras que la zona de Donetsk se ha caracterizado por lo contrario. Hasta hace unos años, el Shakhtar disputaba el derbi de Donetsk ante el Metalurh, un choque normalmente bastante desigual que ya no se celebra por la desaparición de este último equipo.

Estrellas de su historia: Las principales estrellas de la historia del Shakhtar son los protagonistas de las exitosas temporadas recientes del equipo. De entre ellos cabe destacar al croata Darijo Srna, capitán durante muchos años y jugador con más partidos de la historia del club, al rumano Rat, a los brasileños Jadson, Matuzalem, Fernandinho, Willian o Luiz Adriano, al armenio Mkhitaryan o a los nacionales Tymoschuk o Pyatov

Apodos: Aunque el nombre del club es un apelativo en sí mismo, a los jugadores del Shakhtar se les conoce como *Hirnyky* (otra palabra para designar a los mineros), mientras que a los hinchas se les llama *Kroty* (o 'Topos', por aquello de que los mineros trabajan bajo tierra).

Rusia

ЦДКА
ЦСКА
ЦСКА
19
11
ПФК

CSKA

El CSKA, cuando era el OLLS, en 1913

Las estructuras del fútbol ruso aún están sustentadas en las del fútbol soviético en gran manera, y el mejor ejemplo de ello es uno de los grandes del país, el CSKA de Moscú. Curiosamente, el origen del equipo hay que buscarlo antes de la Revolución Rusa, cuando en 1911 se funda un club llamado OLLS, las siglas en ruso de la Sociedad de Amantes del Esquí. Con la llegada al poder de los soviéticos, en 1923, las estructuras del OLLS pasan a llamarse Plataforma de Pilotos de Demostración Vsevobuch (OPPV), de-

pendiente del Ejército Rojo, hasta que en 1928 se inaugura el Club de Deportes de la Casa Central del Ejército Rojo (CDKA por sus siglas en ruso). Este nombre cambió en 1951 y pasó a llamarse CDSA (Club Deportivo de la Casa Central del Ejército Soviético). En 1957 tiene lugar otro cambio de nombre, con motivo del nacimiento del Club Central de Deportes del Ministerio de Defensa (CSK MO), hasta que en 1960 se adopta el actual nombre de Club Central de Deportes del Ejército (CSKA).

Atuendo: El primer uniforme del club, en 1911, era camiseta azul y pantalón blanco. En 1939 se adoptan el rojo y el azul como colores del equipo, hasta la actualidad. El rojo se usa por ser el color del ejército soviético, aunque no hay un motivo claro por el cual se mantiene el azul. Aunque en los últimos años de la URSS el equipo jugó algunas temporadas con camiseta roja y pantalón blanco, desde el final de la Unión Soviética el club se ha mantenido firme en el uso de los colores azul y rojo, si bien dependiendo de la marca deportiva, los ha lucido en franjas verticales o con el esquema tradicional de camiseta roja y pantalón azul.

Emblema: El escudo del CSKA está directamente inspirado en el del Club Central de Deportes del Ejército. Respecto a la era soviética, mantiene una gran estrella roja que ocupa la parte superior del emblema. Bajo él, en el centro, un escudo a franjas azules y rojas, las siglas del club, y bajo éstas un balón. La estrella roja también era el principal elemento del emblema cuando el club era OPPV o CDKA.

Rivalidades: Dos son los grandes rivales del CSKA en la capital rusa: el Spartak y el Dynamo. El partido que le enfrenta al primero se llama Gran Derbi de la Ciudad de Moscú. Con el Dynamo la rivalidad empezó a radicar en que éste era el equipo de la policía política, en contraposición al CSKA que era el equipo del ejército. En años más recientes también ha crecido la rivalidad con el Zenit de San Petersburgo, en un partido conocido como 'el derbi de las dos capitales'.

Estrellas de su historia: Desde la era soviética, el CSKA ha tenido grandes jugadores, como Porkhunov, Kharin o Kuznetsov, así como en años recientes como los hermanos Berezutsky, el por-

tero Akinfeev o internacionales como Zhirkov, Mario Fernandes, Nigmatullin, Khoklov o Dzagoev, a los que habría que sumar extranjeros como el japonés Honda, los brasileños Jo, Vágner Love y Daniel Carvalho o el serbio Krasic.

Apodos: En Rusia, jugadores e hinchas son llamados *Koni* (caballos), puesto que el estadio del CSKA se erige sobre un antiguo hipódromo. Otro apodo popular es el de *Armeitsy* ('militares'), por la vinculación del equipo con el ejército, o el de *Krasno-sinie* ('rojos-azules', por los colores de su uniforme).

1.

2.

3.

SPARTAK MOSCÚ

El Spartak, como MKS, en 1922

El equipo ruso más exitoso durante la URSS y en los primeros años de la nueva Rusia es, además, el que tradicionalmente más seguidores ha tenido en el país, por ser el único que no estaba vinculado a ningún organismo del estado. Se trata del Spartak de Moscú, un club nacido en 1922 bajo el nombre de Círculo de Deportes de Moscú por trabajadores de la industria del tabaco y de la alimentación. Con el paso de los años, los fundadores del equipo se unieron al Komsomol, la unión de jóvenes de la URSS (una especie de sección de jóvenes del Partido Comunista)

y el equipo fue renombrado como Spartak, en honor a Espartaco, el histórico esclavo y exgladiador que se alzó contra la antigua Roma, y que simbolizaba la lucha por la libertad.

Atuendo: El atuendo tradicional del Spartak es camiseta roja con banda horizontal blanca y pantalón blanco, si bien este esquema no se estrenó hasta 1934. Antes, el club había lucido camisetas de color completamente rojo, de color azul claro e incluso una versión a franjas rojiblancas.

Emblema: El escudo del Spartak ha sufrido pocas variaciones desde su estreno. De hecho, fue diseñado por uno de sus fundadores: es un rombo rojo atravesado por una banda blanca y en el centro, una 'S' cirílica blanca (1). En 2013 se añadió un balón en el interior de la letra y cuatro estrellas sobre el conjunto, una por cada cinco ligas rusas (3). Como curiosidad, destacar que en la primera versión del escudo la franja descendía de izquierda a derecha y desde 1949, lo hace de derecha a izquierda (2).

Rivalidades: Como hemos visto antes, el Spartak disputa el llamado 'gran derbi de la ciudad de Moscú' ante el CSKA, aunque también tiene mucho eco el derbi que disputa contra el Dynamo de Moscú. En ambos casos, a la rivalidad deportiva se une el hecho de que el Spartak está considerado como el equipo del pueblo, mientras que los otros representan al ejército y a la policía. También existe cierta rivalidad con el Lokomotiv (el equipo de la empresa ferroviaria) y relación de amistad con el Torpedo (el equipo de la industria automovilística). Antes de la desintegración de la Unión Soviética, los partidos más destacados del Spartak eran los que disputaba contra el Dynamo de Kiev, el otro gran dominador de las ligas soviéticas.

Estrellas de su historia: En la era soviética, grandes jugadores del Spartak fueron Igor Netto, Nikita Simonyan, Rinat Dassaev o los hermanos Starostin, mientras que

en la era tras la caída de la URSS podemos destacar a Onopko, a Karpin, a Pavlyuchenko, a Titov o a Rodionov.

Apodos: El equipo con más seguidores en Rusia es también conocido como *Narodnaya komanda* (el equipo del pueblo) y los *Krasno-belye* (que se traduciría como 'los rojiblancos'). Pero además, el Spartak tiene un peculiar mote: *Myaso*, palabra que se traduce como 'carne'. El origen de este apodo está en los comienzos del club, cuando los más activos miembros del mismo eran trabajadores de una planta de procesado de carne en la capital moscovita.

1.

Сталинец

Зенит
Зенит

2.

ФУТБОЛЬНЫЙ КЛУБ
Зенит
САНКТ-ПЕТЕРБУРГСКИЙ

3.

ФУТБОЛЬНЫЙ КЛУБ
Зенит
САНКТ-ПЕТЕРБУРГ

4.

Зенит
1925

5.

ZENIT

Formación del Zenit, en 1925

Más allá de la macrourbe de Moscú, el otro gran polo del fútbol ruso lo encontramos a la que fue capital del Imperio Ruso: San Petersburgo. Hay datos de la existencia de equipos de fútbol en esta ciudad desde finales del siglo XIX, pero el club que nos ocupa en este capítulo es muy posterior. No obstante, al ser un club nacido de la fusión de varios clubes más pequeños, existe cierto debate acerca de la fecha exacta de fundación. Se puede decir que el primer antecedente del actual club nace en 1914, un equipo llamado Murzinka, que 10 años después sería renombra-

do como Bolshevik. Al año siguiente, en 1925, los trabajadores de una empresa del sector del metal de Leningrado (nombre de San Petersburgo en su etapa soviética) decidieron formar un club al que bautizaron como Stalinets (que no necesariamente es un guiño a Stalin, puesto que la voz rusa *stal* significa 'acero'). En 1936, el Bolshevik cambia de nombre y se convierte en Zenit al integrarse en la recién nacida sociedad deportiva Zenit, formada por las autoridades de la URSS para fomentar la actividad deportiva entre los trabajadores de la industria armamentística. Finalmente, en 1939 se produce la fusión entre el Zenit y el Stalinets, dando lugar al club actual.

Atuendo: El Stalinets no tenía un uniforme fijo, si bien lo normal es que jugaran con camisetas azules o celestes, aunque también las usaban verdes. Con el nacimiento del Zenit como tal, se eligieron como colores el azul y el blanco. El motivo está en los orígenes del club en la industria del acero. De hecho, el primer color histórico del club lleva este nombre: azul acero. El esquema más habitual era camiseta, pantalón y medias azules con detalles en blanco. Pero la hinchada del club, para diferenciarse de otros equipos soviéticos con uniformes basados en el azul y el blanco (como los Dynamos de Kiev y Moscú), decidieron crear bufandas que combinaban tres colores: el azul, el blanco y el celeste. Desde entonces, estos son los colores corporativos del club y así lo reflejan en sus uniformes.

Emblema: En la época del Stalinets, el emblema del equipo era una bandera con tres franjas: la central blanca y las dos de fuera azules (o verdes, según la versión, ya que como hemos visto antes los colores no eran fijos), con el nombre del club en cirílico sobreimpresionado (1). Cuando el club pasó a ser Zenit se adoptó el emblema de la sociedad deportiva, que ha sufrido escasas variaciones. Se trata del nombre del club escrito de tal manera que tiene forma de punta de flecha. La 'Z' cirílica está en la parte ancha de la flecha y la 't' final es la punta. El escudo se estrenó en 1940 (2). En 1998, rodeando a la punta de flecha se creó una circunferencia coronada con un barco, el que culmina la torre del edificio del Almirantazgo de San Petersburgo, que es uno de los

símbolos de la ciudad (3). En el interior de la circunferencia se añadió un balón de fútbol y en sus bordes, el nombre del club (de este escudo hubo dos versiones). En 2013 se eliminaron todos estos elementos y se recuperó la punta de flecha, a la que se añadió el año 1925 (el que el club considera, oficialmente, como año de la fundación del equipo) (4). En 2015 se añadió al conjunto una estrella dorada, tras conseguir su cuarto título de Liga (5).

Rivalidades: Los dos principales rivales del Zenit son los dos grandes equipos moscovitas: el Spartak y el CSKA. Contra ellos se representa la rivalidad entre las dos grandes ciudades rusas e indistintamente, a ambos partidos se le llama 'derbi de las dos capitales'. En ambos casos, los balances de victorias se decantan claramente para los moscovitas, ya que la época de esplendor del Zenit es relativamente reciente.

Estrellas de su historia: Seguramente, los mejores jugadores rusos de los últimos años han lucido la camiseta del Zenit. Por ejemplo, Andrei Arshavin, Aleksandr Kerzhakov (máximo goleador histórico del club), Artem Dzyuba, Igor Denisov, Aleksandr Anyukov, Vyacheslav Malafeev o Konstantin Zyryanov son ejemplos de ello. A estos hay que sumar extranjeros como el ucraniano Tymoschuk, el brasileño Hulk, el portugués Danny, el belga Lombaerts o, más recientemente, el serbio Ivanovic.

Apodos: Dos son los principales apodos del Zenit. Uno hace referencia a los colores del club y es el de *Sine-Belo-Golubye* (literalmente, 'azul, blanco, celeste'), mientras que el otro hace referencia a los orígenes del club en la industria armamentística: *Zenitchiki* (que significa, literalmente, 'artilleros antiáereos').

Escocia

1.

THE CELTIC FOOTBALL & ATHLETIC COY. LTD.
1888

2.

THE CELTIC FOOTBALL CLUB
1888
1988

3.

THE CELTIC FOOTBALL CLUB
1888

4.

THE CELTIC FOOTBALL CLUB
1888

CELTIC FC

El Celtic, en 1888

Escocia es una de las patrias del fútbol tal y como lo conocemos, y en esta montañosa y húmeda región encontramos a algunos de los clubes clásicos del fútbol europeo. Uno de ellos es el Celtic FC, el primer club británico que se proclamó campeón de Europa. Fue fundado en 1888 por un sacerdote marista irlandés llamado Andrew Kerins, más conocido como hermano Walfrid. Este religioso, inspirado por el éxito del Hibernian FC de la ciudad de Edimburgo, decide fundar un club de fútbol para tratar de mejorar la vida de los numerosos inmigrantes irlandeses en Glasgow,

sujetos en su mayoría a duras condiciones de vida. Aunque en un principio se propuso el nombre de Hibernian (Hibernia era el nombre que los romanos daban a Irlanda), el hermano Walfrid decidió bautizar al club como Celtic, para amalgamar el origen celta común de irlandeses y escoceses, y que el club tuviera así un carácter más integrador. Apenas seis meses después de su fundación, el equipo disputaba su primer partido, precisamente ante su gran rival, al que conoceremos a continuación.

Atuendo: Pese a que la camiseta del Celtic es una de las más reconocidas del mundo, la primera que lucieron era blanca, con ribetes verdes. La elección de los colores no tiene mayor misterio: son los colores tradicionalmente asociados a Irlanda. Como decíamos, la primera camiseta era blanca, con pantalones negros y medias verdes y negras. Al año siguiente se adopta la camiseta a franjas verdes y blancas, pero en formato vertical, con pantalón negro. No es hasta 1903 cuando se adoptan las célebres franjas horizontales con pantalón blanco. Las medias, por cierto, fueron negras hasta los años 30, cuando empezaron a usarse verdiblancas y, a partir de los 70, blancas, aunque con las innovaciones en materia de uniformes en alguna ocasión se han vuelto a recuperar las medias verdiblancas e incluso negras.

Emblema: El primer escudo adoptado por el Celtic fue una cruz céltica (aquella por cuyos brazos pasa un círculo) verde, sobre un fondo rojo (1). Posteriormente, cuando se adoptaron las franjas, el club no lució escudo alguno. No obstante, a mediados de los años 20, y de manera eventual, en algunos partidos los jugadores lucieron camisetas con un trébol, que es otro de los símbolos tradicionales de Irlanda. En la década siguiente se estrenó un emblema circular con un trébol de cuatro hojas, pero no en las camisetas del club, sino en la documentación del mismo. Pasaron los años y no fue hasta finales de los 70 cuando el club adoptó oficialmente este escudo con el trébol de cuatro hojas, y en la circunferencia, el nombre del club y el año de fundación (2). Sobre por qué el trébol pasó a tener cuatro hojas no se tienen certezas. En 1988, con motivo del centenario del club, se recuperó la club céltica (3).

Rivalidades: La rivalidad entre el Celtic y el Rangers no sólo es una de las más potentes de Escocia en particular y del Reino Unido en general, sino que seguramente sea una de las más fuertes de la historia del fútbol, cuajada de odio entre ambas aficiones, no sólo por lo deportivo, sino por lo que ambas representan. El Celtic es el equipo de los católicos y de los escoceses de origen irlandés, mientras que el Rangers representa a los protestantes y a los unionistas. Desde hace años, ambos clubes trabajan con denuedo para rebajar el clima de tensión entre ambas hinchadas.

Estrellas de su historia: Es imposible que los heroicos jugadores que en 1967 ganaron la Copa de Europa no sean las principales estrellas históricas del club. Jugadores como Jimmy Johnstone (que en su día fue elegido el mejor de todos), Ronnie Simpson, Billy McNeill o Bobby Lennox son algunos de ellos. A estos hay que sumarles estrellas más recientes como Kenny Dalglish, Paul McStay, Scott Brown o el sueco Henrik Larsson.

Apodos: Los jugadores del Celtic suelen ser conocidos como *The Bhoys*, que es una palabra que intenta reflejar cómo pronuncian los irlandeses el sustantivo *boy* (chico, joven). Otro mote, el de *The Hoops*, hace referencia a las franjas horizontales (o aros, por ser fieles a la traducción literal) del uniforme del equipo. Jugadores e hinchas también son llamados *The Celts*, es decir, 'los celtas'.

1.

2.

THE RANGERS FOOTBALL CLUB
READY

3.

RANGERS FOOTBALL CLUB
READY

RANGERS FOOTBALL CLUB
READY

4.

FOOTBALL
RANGERS
CLUB
READY

5.

RANGERS FC

El Rangers, en 1877

También de Glasgow pero más antiguo es el otro gran equipo escocés, un clásico del fútbol europeo que durante años dominó con mano de hierro su campeonato local. Fue fundado en 1872 por los hermanos Moses y Peter McNeil, Peter Campbell y William McBeath. Estos cuatro jóvenes eran remeros y quedaron impresionados cuando vieron a un grupo de chicos jugando al fútbol en el Glasgow Green, el principal parque público de la ciudad. El nombre de Rangers lo propuso Moses McNeil después de descu-

brir que en Inglaterra había un club de rugby llamado Swindon Rangers. En 1877, el equipo ya jugó su primera final de Copa.

Atuendo: Desde sus inicios, el club ha jugado con camiseta azul y pantalón blanco. Hay cierto debate acerca de si el primer azul del club fue en su versión celeste o era azul regio, pero lo que es seguro es que era de un tono más claro que el habitual azul marino que lucían otros equipos escoceses o la propia selección, y que no era casual, sino que se eligió así para diferenciarse. Desde 1883, las medias fueron negras, y a principios de siglo se les añadieron detalles rojos. Este esquema ha permanecido prácticamente invariable, excepto algunos años en los que las medias fueron completamente rojas.

Emblema: Una de las principales curiosidades del Rangers FC es que tiene dos escudos oficiales: uno es el que se usa en las camisetas de juego y el otro es el que se usa en documentos oficiales o en los medios de comunicación. El primero consta de las iniciales R. F. C. entrelazadas (1). El diseño actual es prácticamente igual que el inicial. Se cree que este emblema es tan antiguo como el propio club, si bien la primera representación del mismo de la que se tiene constancia data de 1881. En 2003, cuando el Rangers logró su quincuagésimo título de liga, se añadieron cinco estrellas sobre las letras, cada una de ellas representando 10 títulos (5). El otro escudo es bastante más reciente, pues fue creado en 1952. Su elemento principal era un león (sacado del estandarte real de Escocia) rampante dorado en el interior de un escudo azul coronado por un balón, y rodeado este conjunto por una circunferencia roja con el nombre del club (2). Bajo los pies del león, el viejo lema del club: *Ready* ("preparados"). En 1968 se modernizó y el león pasó a ser rojo sobre un balón azul. La circunferencia exterior pasó a ser blanca y bajo el balón, aparece de nuevo el lema *Ready (3)*. Este escudo es el actual, sometido a leves modernizaciones. Cabe destacar que entre 1990 y 1994, el equipo lució una mezcla de ambos logotipos: las letras entrelazadas con una banda por encima con el nombre del club y por debajo, el lema *Ready (4)*.

Rivalidades: Como hemos visto en el capítulo anterior, si se habla de fútbol escocés es imprescindible hablar del duelo entre los dos grandes equipos de Glasgow. Rangers y Celtic protagonizan lo que se llama *Old Firm*. La primera vez que se enfrentaron fue en 1888, año de fundación del Celtic, y desde entonces han jugado más de 400 partidos entre ellos, con un balance bastante equilibrado de victorias y derrotas. Al representar el Celtic al colectivo de origen irlandés y el Rangers a los probritánicos, es bastante poco habitual ver banderas escocesas en los derbis entre ambos equipos, pues unos lucen la tricolor irlandesa y los otros, la *Union Jack* británica. Además, y aunque este factor es cada vez menos visible, se suele considerar a la hinchada del Rangers de carácter conservador, mientras que la del Celtic suele vincularse con la izquierda.

Estrellas de su historia: El Rangers ha tenido un buen número de jugadores que se pueden considerar como leyendas del club. Porteros como Andy Goram, defensas como John Greig (considerado por los hinchas como el mejor jugador de la historia del club), Sandy Jardine o Richard Gough, medios como Graeme Souness, Barry Ferguson o Paul Gascoigne y delanteros como Mark Hateley, Ally McCoist o Brian Laudrup forman parte de la aristocracia histórica del club.

Apodos: El club es conocido como *The Gers* (una abreviatura de su nombre). De sus inicios procede el de *The Light Blues* (porque como hemos visto antes, se diferenciaban de otros clubes por lucir un tono de azul más claro) y por último, también son llamados *Teddy Bears* (ositos de peluche). El origen de este mote está en la llamada jerga rimada, muy típica del idioma inglés, sobre todo del dialecto *cockney* de Londres, que consiste en llamar a determinadas cosas con un nombre que rime con el original. Así, *teddy bears* rima con *Rangers*.

Parte II
América

ARGENTINA

1.

2.

3.

4.

5.

BOCA JUNIORS

Formación de Boca en 1906

En uno de los países donde más pasión se vive el deporte del fútbol y en concreto en su capital, encontramos a uno de los clubes más importantes del planeta en cuanto a seguimiento y tradición se refiere. Es el Club Atlético Boca Juniors. El club nació el 3 de abril de 1905. Sus 'padres' son seis adolescentes, hijos de italianos y residentes en el barrio bonaerense de La Boca. Estudiantes de la Escuela Superior de Comercio, en esta institución conocieron a Paddy MacCarthy, un profesor de educación física de origen irlandés que fue futbolista y boxeador e introdujo a los chicos el interés por el deporte rey.

A finales de aquel abril de 1905 jugaron su primer partido y ese mismo año se inscribieron por primera vez en una liga.

Atuendo: En uniforme de Boca Juniors es uno de los más reconocibles del planeta fútbol, y con una de las historias no por conocida menos curiosa de los anales del balompié. El primer uniforme del club fue una camiseta blanca con franjas negras, aunque apenas se empleó en un par de partidos. Todavía en 1905, en club adoptó una camisa de color celeste, pero dejó de emplearse tras un partido ante el Nottingham de Almagro, que lucía una camiseta similar. Ya en 1906, el equipo usó una camisa blanca con finísimas rayas azul marino. Pero no fue hasta 1907 cuando el club adoptó sus colores habituales. Fue idea de Juan Brichetto, tercer presidente del club, que además era trabajador en el Puerto de Buenos Aires. Decidió que el club luciría los colores de la bandera del primer barco que llegara a la capital a partir de ese momento. Y el barco era sueco. Aún hoy hay dudas de si el buque fue el *Oskar II* o el *Drottning Sophia*, pero sea como fuere, el club adoptó el azul y el amarillo. El primer diseño no era como el actual: la camiseta era azul, pero la franja amarilla era diagonal, no horizontal. No fue hasta 1912 cuando Boca adoptó el esquema actual, que no ha abandonado prácticamente nunca.

Emblema: El club no tuvo escudo hasta 1922. El primer diseño era blanco y en su interior se podían leer las letras CABJ, correspondientes a las iniciales del club. Las letras eran doradas y estaban atravesadas por una franja también amarilla que, a su paso por las letras, se tornaba azul (1). En 1955, con motivo del 50 aniversario de la fundación del equipo, se adoptó un escudo mucho más parecido al actual. Era azul con una franja central amarilla, en cuyo interior se insertaron las iniciales del club. El conjunto estaba rodeado por dos ramas de laurel (2). En 1960 se eliminaron los laureles y las iniciales CABJ se cambiaron por 'BOCA JUNIORS' (3). No fue hasta 1970 cuando se instauró la versión más parecida a la actual. Se recuperaron las iniciales y en la parte azul se dispusieron 30 estrellas doradas, en conmemoración de otros tantos títulos ganados por Boca hasta ese momento (4). Entre 1996 y 2007 el escudo varió

de nuevo: se eliminó la franja dorada y a cambio, las letras pasaron a ser este color. En 2007, y a instancias de Nike, se recuperó el modelo de 1970, sin estrellas en el interior (sólo se adoptaron tres y se pusieron sobre el conjunto, en conmemoración de las tres Intercontinentales ganadas), pero en 2009 se volvió al modelo diseñado en 2007, variando levemente el tono de amarillo e incluyendo más estrellas: 52 (5).

Rivalidades: Hay muy pocas (probablemente ninguna) rivalidades en el mundo como la que tiene Boca Juniors con el otro gigante bonaerense: River Plate. El Superclásico del fútbol argentino paraliza el país, a veces el continente, y la rivalidad nace a principios del siglo XX, cuando ambos equipos comparten barrio, La Boca. Aunque hay informaciones acerca de un primer Superclásico disputado en 1908, el primer encuentro oficial entre ambos fue el 24 de agosto de 1913, con victoria de River por 2-1. Ambos clubes están muy parejos en el palmarés nacional y Boca está ligeramente por delante en cuanto a torneos internacionales. Más allá de River, Boca tiene grandes rivalidades con los otros tres equipos argentinos que forman parte de los tradicionales '5 grandes' del fútbol de este país: Racing, Independiente y San Lorenzo.

Estrellas de su historia: Es imposible no nombrar a Diego Armando Maradona cuando se habla de Boca. Aunque el Pelusa sólo jugó tres temporadas en dos etapas (entre 1981 y 1982 y más tarde, entre 1995 y 1997), la pasión del 10 por el equipo xeneize lo hace merecedor de su presencia en toda recapitulación de estrellas históricas de Boca. Otro 10 legendario del club fue Juan Román Riquelme, para muchos el mejor jugador de la historia del equipo. Los delanteros Roberto Cherro y Martín Palermo (máximo goleador histórico), los defensas Antonio Rattín, o Hugo Ibarra y porteros como Antonio Roma o Carlos Fernando Navarro Montoya completarían este conjunto.

Apodos: Argentina es quizá el país donde el apodo, el mote o el apelativo más uso tiene, en la vida en general y en el fútbol en particular. El de Boca, con un rango que roza la oficialidad, es el de *Xeneize*. La palabra tiene origen en el dialecto usado

por los genoveses, esto es, los originarios de la ciudad italiana de Génova, muy abundantes en barrio de la Boca. De hecho, *xeneize* es la palabra que usan para designarse a sí mismos. Su significado sería 'genovés', ya que no en vano a la ciudad de Génova se la conoce como *Xena* en el dialecto local. Boca es también conocido como el equipo azul y oro. Más despectivamente, sobre todo por parte de la hinchada de River, a los hinchas y jugadores de Boca se los conoce como 'bosteros'.

CARP
CARP
CARP
CARP
CARP
CARP
CARP
1.
2.
3.
4.

RIVER PLATE

River Plate, en 1908

El otro gigante del fútbol argentino y sudamericano es River Plate. Su rivalidad con el otro grande, Boca, viene desde la cuna, ya que River nace también en el barrio de la Boca, pero unos años antes que su gran rival. El club fue fundado el 25 de mayo de 1901 tras la fusión de dos clubes locales: el Santa Rosa y la Rosales. En cuanto al nombre del club, hay que decir que River Plate es el nombre que usaban los británicos para referirse al Río de la Plata. Tras pasar por otras ubicaciones, el club se estableció finalmente en el barrio de Núñez.

Atuendo: El primer atuendo del club era camisa blanca con botones negros y pantalón negro. Como hemos visto en otros casos a lo largo de esta obra, a finales del XIX y principios del XX el blanco era un color muy recurrente para la práctica del deporte. A finales de 1905, Catalina Salvarezza, madre de Luis y Enrique Salvarezza, hermanos que estaban entre los fundadores del club, añadió una franja roja a las camisetas del equipo, procedentes de una tela roja que fue cortada en tiras. Sobre el origen de la incorporación de la banda roja hay varias teorías. Una apunta a que se incorporó para evitar chocar con otros clubes que vestían de blanco y que la tela roja salió de una carroza de los carnavales, mientras que la otra teoría apunta a que es un homenaje a la cruz de san Jorge (roja sobre fondo blanco), que forma parte del emblema de Génova, ciudad que como vimos en el capítulo anterior, es el origen de muchos habitantes del barrio de la Boca. Por último, hay una teoría que apunta a que la camiseta con la franja roja replicaría el uniforme masónico de uno de los fundadores del club. Aunque este esquema es el tradicional de River, entre 1910 y 1932 el club llevó un diseño diferente: una camiseta a franjas blancas, rojas y negras. El motivo fue la absorción de otro club local, el Club Nacional de Floresta. En 1932, Antonio Vespucio Liberti, mítico presidente del equipo, decidió retornar al diseño de 1905.

Emblema: River no contó con escudo hasta 1930. Se trataba de una esfera en cuyo interior se dispusieron las siglas del Club Atlético River Plate, esto es, CARP (1). En 1941 desapareció el círculo pero se mantuvo la disposición de las letras (2), y en 1947 se recuperó la circunferencia, para enmarcarse todo el conjunto en un escudo heráldico blanco atravesado por una franja roja (3). Este esquema ha permanecido casi invariable en el tiempo hasta la actualidad, si bien hay que matizar que entre 1985 y 1989, el club usó un escudo diseñado por el dibujante Carlos Loiseau 'Caloi', que consistía en una circunferencia en cuya parte superior se podía leer 'Club Atlético', en la inferior 'River Plate' y en la parte central, un león blanco atravesado por una franja roja saliendo del Monumental.

Rivalidades: Como hemos visto en el episodio anterior, la rivalidad con Boca Juniors trasciende casi lo deportivo. El Superclásico del fútbol argentino, considerado como uno de los grandes duelos del deporte mundial, ha estado también acompañado de aspectos menos agradables, como incidentes graves y enfrentamientos entre ambas aficiones, como los que sucedieron en la edición de 2018 de la Copa Libertadores. En aquella edición se dieron cita en la final los dos gigantes argentinos, si bien la vuelta hubo de disputarse en el estadio Santiago Bernabéu de Madrid, por los problemas de seguridad surgidos en Argentina. Para alegría de la hinchada de River, fueron los millonarios los que ganaron, al imponerse por 3-1 tras una prórroga.

Estrellas de su historia: Si Boca tuvo a Maradona, River tuvo a Di Stéfano. El que posteriormente fuera leyenda del Real Madrid comenzó a jugar de manera profesional en River en 1945 y en el club bonaerense estuvo hasta 1949. Pero la lista de estrellas de la historia de River es inabarcable: Omar Sívori, Ariel Ortega, Daniel Passarella, Enzo Francescoli, Germán Burgos, Ubaldo Fillol, Hernán Crespo, Gonzalo Higuaín, Pablo Aimar o Javier Saviola son algunos los grandes nombres que jalonan la historia de River Plate.

Apodos: Tradicionalmente a River se le ha conocido como el 'Millonario', un apodo nacido a principios de los años 30, ya que en la primera mitad de esa década, el club realizó importantes desembolsos de dinero para fichar a jugadores como Peucelle, Ferreyra, Bossio o Cuello. También es 'la Banda', por la franja roja del uniforme del equipo. Sus hinchas lo conocen también como 'el Más Grande', pero por parte de sus rivales, el apodo es el de 'Gallinas'.

2014:
Nueva imagen

RACING

Formación de Racing en 1906

Dentro de los cinco grandes del fútbol argentino, el que estaría más cerca de los dos colosos River y Boca bien podría ser uno de los clubes con más solera del fútbol latinoamericano: Racing Club. El origen del equipo está en 1901, cuando un grupo de estudiantes del Colegio Nacional Central de Buenos Aires decidió crear un club de fútbol llamado Football Club Barracas al Sud (Barracas al Sud era el nombre del actual municipio de Avellaneda, en la provincia de Buenos Aires). Al contrario que otros clubes argentinos,

sus fundadores eran todos criollos, es decir, nacidos en América. En marzo de 1902 el club se escindió, dando lugar al Colorados Unidos del Sud, pero ambos clubes encontraron dificultades para mantener una singladura en solitario, así que un año después, en marzo de 1903, se vuelven a unir. Germán Vidaillac, uno de los fundadores del club (de origen francés) propuso el nombre de Racing Club, que había descubierto en una revista francesa de motor que mostró al resto de socios. Su propuesta fue aprobada. Pronto se convirtió en uno de los más exitosos equipos del país y, de hecho, fue el dominante en el primer tercio del siglo XX.

Atuendo: La primera vestimenta del club era de color blanco. En anteriores capítulos hemos visto que era un color recurrente en el origen de los clubes debido a la facilidad para hallar prendas de este color y a que, de hecho, era el tono habitual de la ropa para practicar deporte. En 1904 el club adopta una camiseta amarilla y negra a franjas verticales, con la intención de dotar al equipo de mayor vistosidad. Pero debido a que este diseño era el que usaba el Peñarol uruguayo, se decidió cambiar de nuevo. Entre 1904 y 1908, Racing vistió con una camiseta ajedrezada con cuadros color salmón y celeste. Fue sustituida por una camiseta azul con una franja blanca en el pecho. En 1910, y coincidiendo con el ascenso del equipo a Primera y del centenario de la Revolución de Mayo y de la Primera Junta, se decidió adoptar la patriótica idea de que el club luciera los colores de la bandera argentina, esto es, una camiseta albiceleste a franjas verticales que desde entonces ha caracterizado al club. La composición es idéntica a la de la selección argentina, y aunque se rumoreó que el equipo nacional la adoptó de Racing, en realidad la selección ya lució ese diseño dos años antes de que la Academia lo adoptara.

Emblema: El club no tuvo un escudo oficial hasta 1929. Antes se habían usado otros diseños para los sellos y para decorar la sede del club (en este caso, las letras R y C entrelazadas). El primer diseño constaba de tres franjas celestes y tres franjas blancas. Por arriba, el nombre Racing. Rodeando a este conjunto, un diseño dorado en forma de marco en cuya parte inferior se podía leer el nombre de Avellaneda. En 1934 el nombre de Racing se incorpora al conjunto de las tres franjas, formando un escudo muy similar al que hoy luce el equipo, si bien todavía contaba con el marco exterior dorado. Ese marco desaparece en 1936 y desde entonces, el escudo de Racing ha variado bastante poco. Con el centenario se incorporaron unas coronas de laurel doradas, por ejemplo.

Rivalidades: Como ocurre con Boca y River, hablar de Racing implica hacerlo también de su eterno rival y vecino: Independiente. Ambos clubes protagonizan el llamado clásico de Avellaneda, que a su vez es el segundo en importancia en Argentina. La proximidad de ambos estadios (apenas 300 metros) y los numerosos éxitos, sobre todo internacionales, de los dos clubes han dado combustible a este partido único en el mundo. Independiente es un par de años más joven que Racing (como veremos en el próximo capítulo) y el primer encuentro entre ambos data de 1915. El balance de enfrentamientos directos y de títulos está levemente decantado a favor de Independiente.

Estrellas de su historia: Racing ha tenido importantísimos jugadores a lo largo de su historia. Porteros como Cejas o Fillol, defensas como Perfumo, Olarticoechea o el 'Coco' Basile, medios como Corbatta, Enrique García, Maschio, Ohaco o Simeone y delanteros como Diego Milito, Norberto Méndez, 'Piojo' López o Lisandro López ocupan puestos de honor en la historia del equipo.

Apodos: El principal apodo del club es de La Academia. Es un mote centenario, porque empezó a usarse en 1915, debido precisamente al éxito arrollador del equipo, hasta el punto que, debido a sus éxitos, comenzó a decirse de él que era "una Academia del fútbol". En esta misma línea, al club se le conoce como 'El Primer Grande', por ser, de los cinco tradicionales dominadores del fútbol argentino, el que antes logró sus éxitos.

1.

2.

3.

4.

5.

6.

INDEPENDIENTE

Independiente, en 1909

En Avellaneda, a muy poca distancia de la casa de Racing, encontramos a otro de los grandes del fútbol argentino: Independiente. El club fue fundado en 1905. Resultó de un club anterior, el Maipú Banfield, formado por empleados de la tienda 'A la ciudad de Londres'. A los empleados más jóvenes, pese a que pagaban su cuota, no se les permitía jugar, así que decidieron escindirse y ratificaron esa separación eligiendo como nombre el de Independiente Football Club. En 1905 se enfrentaron al Maipú Banfield y en 1906 se instalaron en Avellaneda. A día de hoy, Independiente se enorgullece de ser el club americano que más veces ha alzado la Copa Libertadores.

Atuendo: El primer uniforme del club fue camiseta blanca y pantalón azul. Lo heredaron de un club desaparecido, el Plate United BFC, donde había jugado el primer presidente del club, Arístides Longone. En 1908, los directivos del club presenciaron en directo al Nottingham Forest inglés, que se encontraba realizando una gira por América. Tan impresionados quedaron con el juego de los británicos que Arístides Longone decidió que el club adoptara el mismo uniforme que el Forest: camiseta roja. El Nottingham Forest es, curiosamente, el primer club de la historia que vistió de rojo y lo hizo en honor de los *camicie rosse* del revolucionario italiano Giuseppe Garibaldi.

Emblema: El primer escudo del club se parece poco al actual. Era un cuadrado azul con dos aspas blancas, similares a la bandera de Escocia, con las letras F, C e I en los espacios laterales y superior del escudo (1). Este emblema lo heredó Independiente del Saint Andrew's Scots School, un colegio fundado por escoceses en el siglo XIX. En 1907 el escudo pasó a ser una forma ovalada con bordes rojos en cuyo nombre se insertaba el nombre del club (2). No fue hasta 1914 cuando el club adoptó un escudo similar al actual: rojo, con una franja blanca de la esquina superior izquierda a la inferior derecha, y en ella las siglas del club: C. A. I. (Club Atlético Independiente) (3). El emblema fue sometido a algunas variaciones a lo largo de estos años. Por ejemplo, en 1919 desapareció la franja blanca (4) y en 1925 el escudo se compuso de un círculo rojo con las siglas del club superpuestas (5). El escudo actual es parecido al de 1914, pero con las letras en negro y separadas por puntos (6).

Rivalidades: Como veíamos en el capítulo anterior, el gran rival de Independiente es Racing, con quien disputa el clásico de Avellaneda. Pese a que hoy en día se considera el segundo clásico en importancia (tras el Boca-River), ambos clubes se pueden enorgullecer de protagonizar el primer clásico entre dos campeones de la Libertadores y dos campeones de la Intercontinental.

Estrellas de su historia: Grandes jugadores han lucido la casaca roja de Independiente: Ricardo Bochini es con toda seguridad el más destacado de ellos. Ostenta el récord de presencias y está en el top-10 de goleadores, amén de un impresionante palmarés en el que destacan cinco de las siete Libertadores del equipo. Anterior en el tiempo es Arsenio Erico, máximo goleador histórico del club. Jorge Burruchaga es otro de los nombres destacados del club, además de otros que vistieron la camiseta roja, aunque con más éxito en Europa: Diego Forlán, Sergio 'Kun' Agüero o Gustavo López, entre otros.

Apodos: En Argentina, Independiente es más conocido como 'el Rojo', un apodo de inequívoco origen. En la misma línea está otro mote: los 'Diablos Rojos'. El apodo de 'Rey de Copas' hace referencia al abultado palmarés del equipo.

SAN LORENZO

San Lorenzo, en 1908

El quinto grande del fútbol argentino, que se vanagloria de tener a uno de los hinchas más famosos del mundo (el papa Francisco) es San Lorenzo de Almagro. Este club bonaerense nació al albur de la iglesia católica y en concreto, gracias a un sacerdote llamado Lorenzo Massa. Este cura quiso ofrecer un lugar seguro a los chicos que jugaban al fútbol en la calle en el entorno de las calles México y Treinta y Tres Orientales. Este lugar era la parte trasera de su iglesia y la condición para poder seguir allí era que los domingos acudieran a misa. En 1908, a resultas de esta activi-

dad, nació un club de fútbol. El primer nombre propuesto fue el de los Forzosos de Almagro, pero al padre Massa no le convenció. Los chicos decidieron homenajear al cura eligiendo el nombre de San Lorenzo, pero el sacerdote, modestamente, lo rechazó. Aún así, lograron convencerle diciéndole que el nombre homenajearía al santo de la Iglesia del mismo nombre y a la batalla de San Lorenzo, una de las que se celebraron por la independencia de Argentina. Al ser la mayoría de los miembros procedentes del barrio de Almagro, se completó el nombre tal y como lo conocemos ahora.

Atuendo: San Lorenzo destaca por lucir tradicionalmente una camiseta roja (o grana) y azul a franjas verticales. Se cree que fue el propio padre Lorenzo Massa quien eligió estos colores, inspirado en el manto de la Virgen María Auxiliadora. El uniforme apenas ha sufrido grandes variaciones desde sus orígenes.

Emblema: Al igual que ocurre con la camiseta, el escudo del club ha variado poco a lo largo de los años. El emblema recoge las franjas rojas y azules del uniforme. En el centro del mismo, un círculo blanco contiene las siglas del club: C. A. S. L. A., si bien entre la L. y la A. se añadió un "de" en versiones posteriores a la original.

Rivalidades: El tercer clásico en importancia del fútbol argentino lo protagoniza San Lorenzo, pero lo hace con un club vecino: Huracán. El partido se llama clásico de barrio o clásico porteño. Huracán estaría en un segundo escalón de grandes equipos argentinos, pero cuenta con un excelente palmarés que alimenta la rivalidad con San Lorenzo. Además, se trata de un duelo centenario, ya que se vieron las caras por primera vez en 1915. El balance de partidos y títulos entre ambos equipos es favorable a San Lorenzo.

Estrellas de su historia: Muchos jugadores destacan en la historia de San Lorenzo. Cabe citar al más prolífico, el uruguayo Sergio Villar y al más goleador, José Sanfilippo. Otras grandes estrellas de la historia del club son los españoles Isidro Lángara y Ángel Zubieta, o locales como Óscar Ruggeri, Ramón Heredia, Beto Acosta o Leandro Romagnoli.

Apodos: San Lorenzo es uno de los clubes con más apodos. El de 'Ciclón', uno de los más frecuentes, se debe a su rivalidad con Huracán. Lo empezaron a usar los hinchas con la reflexión de que los ciclones son más fuertes que los huracanes. San Lorenzo es también 'el Cuervo'. Ese apodo procede del origen religioso del club, al ser las sotanas de los sacerdotes de color negro, como las plumas de los cuervos. También se usa el sobrenombre de 'el Santo', por su denominación original, así como 'los azulgrana', mote que no merece más explicación que el propio uniforme del equipo.

BRASIL

1.

2.

3.

4.

5.

FLAMENGO

Formación de Flamengo en 1912

El fútbol en Brasil es religión, y en una de sus principales ciudades, Río de Janeiro, el equipo más seguido no es otro que el Flamengo. Este club nació como un club de regatas o de remo (de hecho su nombre oficial es Clube de Regatas Flamengo) el 17 de noviembre de 1895. Años después, en 1911, un grupo de exjugadores de fútbol del Fluminense, otro de los grandes equipos cariocas, se adscribieron al Flamengo tras una pelea con la directiva de su anterior club. Uno de ellos era remero en el Flamengo, y de ahí que optaran por este club. Con la presencia de estos socios,

se decidió crear una sección de fútbol, que empezó a entrenar en la playa de Russel. En 1912 disputó su primer partido y ese mismo año ganaron su primer título.

Atuendo: Los primeros colores del club de remo fueron el dorado y el azul, pero fueron abandonados porque, tras no ganar ninguna regata, se consideró que traía mala suerte, así que se eligieron los colores rojo y negro a líneas horizontales. Cuando se creó la sección de fútbol, los miembros de la sección de remo impidieron a los futbolistas que lucieran el mismo diseño, así que estos optaron por combinar el rojo y el negro en cuadros, un diseño que se conoció como *papagaio de vintém*, un tipo de cometa. Este uniforme duró solo un año también por los malos resultados, así que se eligió un diseño a franjas horizontales, pero para no coincidir con los remeros, entre las barras negras y rojas se intercalaron otras blancas, un diseño que se conoció como *cobra coral*, por parecerse a la piel de este tipo de serpiente. Con el estallido de la Primera Guerra Mundial este diseño se rechazó porque recordaba a la bandera alemana de entonces (negra, blanca y roja), así que se eliminaron las franjas blancas y se adoptó el uniforme por el que es mundialmente famoso ahora el Flamengo: líneas rojas y negras horizontales, con el permiso, eso sí, de la sección de remo.

Emblema: El caso del Flamengo es parecido al del Rangers escocés, puesto que este club brasileño tiene en realidad dos escudos, que tienen como base las letras C. R. y F. entrelazadas. Este diseño, nacido en 1895, lo lucen los jugadores en las camisetas, mientras que de manera oficial y en documentos, mercadotecnia y otros soportes, el escudo mantiene esas letras, pero en la esquina de un conjunto que se completa con cuatro franjas rojas y cuatro franjas negras (4). Este último conjunto nació en 1912 (3). Antes de esas fechas, el escudo del equipo de fútbol era el del club de regatas: dos remos, un ancla y las siglas del club (1). En 1896 este esquema se superpuso sobre un fondo rojo y negro (2).

Rivalidades: Los principales rivales del Flamengo son los otros tres grandes equipos de Río: Fluminense, Vasco da Gama y Botafogo. Con los primeros protagoniza el clásico Fla-Flu, una

rivalidad tan antigua como el propio Flamengo, puesto que como hemos contado antes, el equipo de fútbol nació de una escisión del Fluminense. En 1963, Maracaná llegó a acoger 194.603 espectadores en un Fla-Flu. Contra el Vasco da Gama se disputa el llamado *Clássico dos Milhoes* o clásico de los millones, en referencia a que son los equipos cariocas con más seguidores. Además, el Vasco da Gama también nació en el seno de un club de remo. Por último, el duelo con el Botafogo es conocido en Brasil como el *Clássico da Rivalidade* o el clásico de la rivalidad.

Estrellas de su historia: Sin lugar a dudas, la principal estrella de la historia del Flamengo es Zico, uno de los mejores jugadores del mundo a principios de los 80. Romário es otro de los legendarios jugadores del equipo, a los que hay que sumar otros como Dida, Jair, Leonidas da Silva, Zizinho o el serbio Dejan Petkovic, una nota exótica en un campeonato, el brasileño, donde no abundan los futbolistas europeos.

Apodos: El Flamengo es el club *rubro-negro*, mote que referencia los colores del equipo. Sus hinchas lo llaman *O mais querido do Brasil*, porque sostienen que es el equipo con más seguidores del país. El diminutivo 'Fla' es también bastante común, así como el mote de *Mengao* o *Mengo*, derivado del propio nombre del club.

1.

2.

S.C. CORINTHIANS PAULISTA
- 1910 -

3.

S.C. CORINTHIANS PAULISTA
1910

4.

CORINTHIANS

El Corinthians, en 1914

Tan potente es el fútbol en Río como en la gran macrourbe brasileña: São Paulo. Son varios los clubes que se disputan el liderazgo futbolístico de esta ciudad. Uno de ellos es el Corinthians. Fue fundado en 1910, después de que cinco trabajadores ferroviarios de la ciudad vieran en directo un partido del Corinthian FC, un por aquel entonces exitoso club inglés que se encontraba realizando una gira por Brasil. Inspirados por este ejemplo, decidieron al día siguiente fundar el Sport Club Corinthians Paulista. El 10 de septiembre de aquel año, el Corinthians disputaba el primer partido de su historia.

Atuendo: Se considera que el primer uniforme del club estaba compuesto por una camiseta color crema y un pantalón blanco. Se dice que debido a los constantes lavados, el *beige* pasó a perder su tonalidad y con el fin de abaratar costes, se decidió instaurar el blanco como color oficial, con pantalón negro. No obstante, hay teorías que desmienten esta historia, como la que sostiene el periodista e historiador del club Celso Unzelte. En primer lugar, porque el color crema sería caro de conseguir en aquella época y lo más normal es que los jugadores sólo pudieran permitirse comprar camisetas blancas que, además, eran las que lucía en Corinthian FC inglés. Además, la primera foto del equipo que se conserva muestra a los jugadores con camisetas blancas.

Emblema: El primer emblema conocido del Corinthians eran las letras C y P entrelazadas (1). En 1914 el diseño evolucionó al añadirse una 'S' (de 'sport') y redibujarse el contorno (2). En 1920 se creó un escudo circular negro, donde se podía leer 'S. C. Corinthians Paulista 1910' y en su interior, la bandera del estado de São Paulo (negra y blanca a franjas horizontales) (3). En 1939 el conjunto se rodeó de un salvavidas, dos remos y un ancla (estos últimos elementos, en color rojo), con el fin de reflejar los éxitos de la sección de regatas del club. Este esquema se ha mantenido prácticamente invariable hasta la actualidad (4).

Rivalidades: El Corinthians tiene grandes rivalidades con los otros tres principales clubes paulistas: Palmeiras, São Paulo FC y Santos. Con los primeros disputan el llamado derbi paulista. Los duelos entre ambos equipos están muy igualados, así como los trofeos logrados por uno y otro. El partido contra el São Paulo se llama *Clássico Majestoso* (clásico majestuoso), mientras que el duelo entre Corinthians y Santos se llama *Clássico Alvinegro*, en referencia a los colores de ambos equipos.

Estrellas de su historia: El principal emblema del club fue Sócrates, centrocampista de los años 80 que fue uno de los impulsores, además, del movimiento 'Democracia Corinthiana'. Otro jugador importante de la historia del Corinthians y de la selección brasileña fue el extremo izquierdo Rivelino, campeón del mundo en 1970. Marcelinho Carioca, Vampeta, los argentinos

Carlos Tévez y Javier Mascherano, el paraguayo Gamarra o el colombiano Rincón son otras de sus estrellas históricas.

Apodos: En Brasil, el Corinthians es conocido como *Timão*, que se podría traducir como 'Equipazo' o 'Gran Equipo'. Desde sus orígenes, el club se enorgullece de ser *O Time do Povo*, esto es, el equipo del pueblo. Este apelativo procede de una frase pronunciada por uno de los fundadores del club. Por sus éxitos también es conocido como *Todo Poderoso*, mientras que otro apodo peculiar es el de *Coringao*, procedente de la palabra *coringa*, que se podría traducir como el *joker* de la baraja francesa.

1914 1914 1917 1942 1959

PALMEIRAS

El Palmeiras, como Palestra Italia en 1916

Sin movernos de São Paulo hallamos al Palmeiras. Fue fundado por paulistas de origen italiano en el año 1914, y el primer nombre del club fue Palestra Italia. El nacimiento del club fue inspirado por la visita a Brasil de dos de los clubes transalpinos más exitosos: el Pro Vercelli y el Torino. El nombre de Palestra Italia se mantuvo hasta 1942, año en el que se cambió a Palmeiras. El motivo es que Italia estaba entre los países del Eje (junto a la Alemania nazi y Japón) y el club quiso distanciarse de toda relación con este bando de la Segunda Guerra Mundial. La elección de Palmeiras como nombre se debe a que los responsables del

club querían mantener la P como inicial (por su presencia en los emblemas del club) y por la buena relación con un antiguo club llamado Associaçao Atlética das Palmeiras.

Atuendo: En sus orígenes, el Palestra Italia adoptó los colores de la bandera italiana, esto es: verde, blanco y rojo. Cuando el club pasó a llamarse Palmeiras, el rojo se eliminó de la ecuación para evitar ser relacionado con la enseña italiana, quedando el verde y el blanco como colores del club, que cuando disputaba partidos internacionales (antes de 1942) también optaba por una camiseta azul como homenaje a la selección italiana.

Emblema: El primer emblema del club (1914) fue el escudo de Saboya, el de la casa real italiana (rojo con una cruz blanca). En 1917 se recurrió a las letras P e I entrelazadas (de Palestra Italiana), esquema que se mantuvo hasta 1942 con pequeñas variaciones, como por ejemplo, que la letra I fuera roja. Con la eliminación de las referencias a Italia desapareció esa I y se quedó solo la P blanca sobre fondo verde como emblema. En 1959 se llevó a cabo un rediseño importante: al escudo con la P se le rodeó de un círculo verde con ocho estrellas (por el mes de nacimiento del club y por los títulos logrados por el Palestra Italiana), más el nombre del club, Palmeiras. Este esquema se ha mantenido invariado hasta la fecha.

Rivalidades: Como hemos visto en el capítulo anterior, el principal rival del Palmeiras es su vecino paulista del Corinthians. El *Clássico Paulista* está considerado el de mayor importancia en Brasil (en competencia con el que disputan en Río de Janeiro Flamengo y Vasco da Gama). El primer duelo entre ambos clubes tuvo lugar en 1917.

Estrellas de su historia: El Palmeiras ha dado grandes jugadores a Brasil, como Djalma Santos, Luis Pereira, Roberto Carlos, Leivinha, Edmundo, Rivaldo o Evair, si bien se considera que la gran estrella de la historia del club es Ademir da Guia, líder de partidos jugados y uno de los máximos goleadores de la historia del club. Su padre, Domingo da Guia, también jugó en el club.

Apodos: Apelativos como *Verdao* o *Alviverde* no merecen más explicación que los colores que han hecho famoso al club. Otro mote como *Palestra* hace referencia al nombre original del equipo. De un modo parecido al Racing argentino, en Brasil el Palmeiras es conocido como *Academia do Futebol*, y sus hinchas también lo conocen como *Campeao do Século*, es decir, el Campeón del Siglo.

SPFC

SÃO PAULO

Formación del São Paulo en 1931

En la megaurbe de São Paulo hay sitio para más equipos. El más joven de ellos es el São Paulo FC, un equipo que nació en 1930 fruto de la unión del CA Paulistano, un club fundado en 1900 que dejó de jugar tras la profesionalización del fútbol, y el AA das Palmeiras, fundado en 1902. Fueron exjugadores de ambos equipos los que quisieron impulsar un nuevo club profesional. Eligieron el nombre de la ciudad para su nuevo equipo. Debutaron en aquel mismo 1930.

Atuendo: El São Paulo no ha variado de indumentaria desde su fundación. Su combinación de colores se la debe a los dos

equipos de los que nació. Los colores del Paulistano eran rojo y blanco y los del AA das Palmeiras, negro y blanco. Por eso, decidieron adoptar un uniforme enteramente blanco y en el pecho, una franja roja en honor del Paulistano y una negra por el AA das Palmeiras. Se da la circunstancia, además, de que el negro, el blanco y el rojo son los colores presentes en la bandera del estado de São Paulo. También se dice que los colores representan a las tres razas predominantes del país: blanco para los europeos, negro para los descendientes de africanos y rojo para los indígenas.

Emblema: Al igual que el uniforme, el escudo del São Paulo apenas ha variado en el tiempo. El diseño es bien sencillo: un triángulo blanco invertido sobre cuyo lado mayor se observa una franja negra con las siglas SPFC en blanco. Ya el triángulo se divide en tres partes: roja, blanca y negra, siendo la blanca de menor anchura que las de color. Posteriormente se insertaron sobre el escudo cinco estrellas: dos doradas, en honor de las dos medallas de oro conseguidas por el atleta paulista Adhemar Ferreira da Silva en los Juegos Olímpicos de 1952 y en los Panamericanos de 1955; y tres rojas, que simbolizan las dos Intercontinentales y el Mundialito de Clubes que el equipo paulista tiene en sus vitrinas.

Rivalidades: El São Paulo tiene como eternos rivales a los otros tres grandes equipos de la ciudad. Como hemos visto antes, con el Corinthians disputa el *Clássico Majestoso*, nombre elegido por el periodista de la *Gazeta Esportiva* Thomaz Mazzoni. En los duelos directos es algo superior el *Timão*. El duelo con el Palmeiras se conoce como *Choque-Rei*, y está considerado como el segundo derbi en importancia de la ciudad paulista, sólo por detrás del Corinthians-Palmeiras. Por último, São Paulo FC y Santos protagonizan el duelo llamado *San-São*, que en el histórico de enfrentamientos está dominado por el SPFC.

Estrellas de su historia: Una de las principales estrellas es también una de las más antiguas: Arthur Fredenreich, de origen alemán y mulato que también jugó en el Santos. A él habría que sumarles porteros como Zetti o Rogério Ceni, defensas como Marinho Chagas, Ricardo Rocha o Diego Lugano, mediocampistas como Toninho Cerezo, Kaká, Palhinha, Raí, Denílson o Lucas Moura y atacantes como Müller, Careca, Leónidas o Luis Fabiano.

Apodos: El apodo más conocido del SPFC es el de Tricolor, que no merece más explicación. Sus hinchas lo llaman *O Mais Querido*, porque consideran que es el club con más seguidores en la ciudad de São Paulo. De finales de los años 30 procede el apelativo de *O Clube da Fe*, apodo también acuñado por Thomaz Mazzoni que hace referencia a las penurias que pasó el equipo en aquella época, tras una refundación y a la distancia deportiva y económica a la que estaba de otros clubes como Corinthians o Palmeiras. Más reciente es el apelativo de 'Soberano', que surgió cuando en 2008 el equipo ganó su tercer Brasileirão consecutivo.

1. 1912
2. 1913
3. 1915
4. Década del 30
5. Década del 30 a la década del 90

6. Actual

SANTOS

El Santos, en 1913

En la región metropolitana de São Paulo encontramos el municipio de Santos, costero, que acoge al club del mismo nombre. Este club nació en 1912 de la mano de tres deportistas locales, Raymundo Marques, Mário Ferraz de Campos y Argemiro de Souza Júnior, que querían impulsar un club de fútbol a nivel local. Barajaron nombres como Brasil Atlético, Euterpe o Concordia (que era el nombre del club en el que se reunieron los fundadores) pero finalmente se decidieron por el de Santos Foot-Ball Club. En 1913 disputaron su primer campeonato paulista y lo ganaron.

Atuendo: Los primeros colores del Santos se decidió que fueran los del club Concordia, ente que como comentábamos, acogió la reunión inaugural del equipo. Estos colores eran azul, blanco y dorado. En los tres primeros partidos del club se usaron camisetas a franjas azules y blancas, con detalles en dorado. Pero mantener y renovar un uniforme con estos colores era costoso en aquella época, así que en 1913 se decidió que el uniforme pasaría a ser una camiseta blanca y negra a franjas y pantalón blanco. Desde entonces, se alternó este modelo con otro que era enteramente blanco con detalles en negro. En 1960, en plena era Pelé, se adoptó definitivamente el blanco como uniforme total, aunque no se abandonaron las franjas. A día de hoy, el esquema habitual es que la primera equipación sea totalmente blanca y la segunda, camiseta negra y blanca a franjas verticales y pantalón y medias negras.

Emblema: El primer escudo del Santos era una esfera azul, con las letras S, F y C en dorado (1). En 1913 el emblema cambió radicalmente. Estaba formado por una esfera del mundo, en azul para el mar y amarillo para los continentes, con los meridianos y los paralelos marcados, y en el centro, un escudo a franjas negras y blancas y en su interior, una esfera roja con las siglas del club (2). En 1915, el club cambió de nombre durante algunos meses por problemas económicos y pasó a llamarse Uniao FC. Por consiguiente, el escudo cambió, siendo negro con una franja blanca en la que figuraba esta nueva denominación (3). En los años 30, ya de nuevo como Santos, el escudo se simplificó mucho: las tres letras entrelazadas en negro sobre un escudo de fondo blanco (4). En esa misma década se adoptó la composición actual (5). Un escudo con forma de olla (similar en su silueta al del FC Barcelona), con una franja oblicua negra en su parte central. En ella, las siglas S. F. C. En la esquina superior izquierda, un balón clásico en negro sobre blanco y en el lado inverso, franjas negras y blancas (6).

Rivalidades: Como hemos observado en los últimos capítulos, el Santos forma parte de una rivalidad cuádruple: la que mantienen los cuatro grandes equipos de São Paulo. Por partes: con el Corinthians el Santos disputa el *Clássico Alvinegro*, llamado así por

los colores de ambos equipos, y se disputa desde el mismo año de nacimiento del Santos, 1913. De estos duelos cabe destacar que el Corinthians fue la 'víctima' favorita de Pelé, puesto que fue al que más goles hizo. El partido ante el São Paulo FC, como vimos en el capítulo anterior, es el *San-São*, que se caracteriza por el ser el duelo de los clubes paulistas con más éxito en la Libertadores. El derbi ante el Palmeiras se llama en Brasil el *Clássico da Saudade* o clásico de la nostalgia, ya que ambos equipos eran los mejores en los los años 60, cuando el fútbol de calidad brasileño estaba en auge. Cabe destacar también que el Santos tiene una rivalidad internacional con el Peñarol uruguayo, nacida en los duelos entre ambos en la Libertadores.

Estrellas de su historia: Se puede decir que el Santos tuvo en sus filas al considerado mejor jugador de la historia: en efecto, Edson Arantes do Nascimento, Pelé, fue la gran estrella del Santos y del fútbol brasileño de todos los tiempos. Junto a Pelé, en el Santos y en la selección brasileña jugaron el portero Gilmar Santos, los defensas Carlos Alberto y Mauro Ramos, el centrocampista Clodoaldo y el delantero Pepe. El que para muchos es el gran sucesor de Pelé también jugó en el Santos: es Neymar Júnior. Al controvertido atacante hay que sumarle otros nombres recientes como los de Robinho, Diego Ribas o Elano Blumer.

Apodos: El Santos es conocido en Brasil como *Peixe* (pez), apelativo que tiene su origen en el nombre despectivo que recibían jugadores y aficionados del equipo en los duelos con otros equipos paulistas, por proceder de la ciudad portuaria de Santos. También por su proximidad con la costa se conoce al club como *Leão do Mar* (león del mar). De la época de esplendor de Pelé llega el apelativo de *Santásticos* (juego de palabras entre el nombre del equipo y el apelativo de 'fantásticos'). *Alvinegro Praiano* hace referencia a los colores del equipo y a su carácter costero.

Chile

COLO COLO
1.
CoLo CoLo
2.
COLO·COLO
MR
3.

COLO-COLO

EL "COLO-COLO", INVENCIBLE

El Colo-Colo, en 1925

En Chile, el gran dominador de las competiciones nacionales es uno de los clubes con un nombre más peculiar de América: el Colo-Colo. Este club, con sede en Santiago, nace gracias a la iniciativa de David Arellano, un futbolista que a principios de los años 20 jugaba en el Deportes Magallanes. Arellano era un tipo con ideas innovadoras sobre el fútbol, sobre todo en cuanto a la gerencia y la gestión económica. Por ejemplo, se negaba a que los jugadores tuvieran que pagar una cuota por pertenecer al club, exigía que el club pusiera de su parte las equipaciones y que los entrenamientos fueran regulares. Estas ideas chocaron frontal-

mente con los responsables del Deportivo Magallanes. El conflicto fue de tal calibre que Arellano lideró una rebelión que supuso su salida del club y la de otros jugadores. Así, el 19 de abril de 1925 decidieron fundar un nuevo club. Lo llamaron Colo-Colo, en honor a un indio mapuche del mismo nombre que se rebeló ante los conquistadores españoles. Pronto se convirtió en campeón de su país.

Atuendo: El uniforme del Colo-Colo ha permanecido prácticamente invariable desde su fundación. En aquel momento se decidió que la camiseta sería blanca como símbolo de la pureza y el pantalón, negro como símbolo de seriedad. En un principio las medias eran azules marino, como homenaje a la Marina chilena. En 1927, durante una gira internacional del Colo-Colo, en concreto en Valladolid, España, David Arellano falleció en trágicas circunstancias al recibir un fuerte golpe en el estómago durante un partido, que resultaría en una peritonitis fatal. Desde ese momento, el uniforme del Colo-Colo incorporó un crespón negro, primero en la manga y desde 1974, encima del escudo.

Emblema: El primer emblema del club era bien sencillo: azul, atravesado por una franja roja diagonal y, en letras blancas, el nombre del club (1). Estos son los colores de la bandera chilena. En 1947 el escudo se vuelve más complejo: en la parte superior aparecen tres puntas, la banda roja pasa a ser horizontal y en la parte inferior se añaden las letras F y C (2). Apenas tres años después se adopta el escudo actual: un escudo azul coronado por tres puntas, en su interior, la efigie de un indio mapuche y sobre el conjunto, una franja roja con el nombre del club (3). Este esquema se ha mantenido con levísimas variaciones desde entonces. Como hemos visto antes, el escudo lleva una franja negra en la parte superior por la memoria de David Arellano.

Rivalidades: Si bien el primer gran rival del Colo-Colo fue el Magallanes, club del que surgieron los fundadores, a partir de los años 50 la principal rivalidad la representó el Universidad de Chile. Ambos equipos disputan el llamado clásico del fútbol chileno. Ambos equipos se han enfrentado más de 200 veces, con un saldo favorable al Colo-Colo.

Estrellas de su historia: David Arellano fue el fundador del club, el que da nombre al estadio y seguramente, la principal figura de la historia del equipo. Otro ídolo de la historia del equipo es el delantero Carlos Caszely, máximo goleador histórico del club. El 'Chamaco' Valdés, el boliviano Etcheverry, el 'Chupete' Suazo, el paraguayo Lucas Barrios, Matías 'Matigol' Fernández o más recientemente, Esteban Paredes, ocupan también puestos de honor en el imaginario colectivo de la hinchada de Colo-Colo.

Apodos: Los jugadores del Colo-Colo son conocidos como 'Los Albos', por el color de su camiseta. El equipo también es conocido como 'el Cacique' (por su nombre). A veces, su nombre se abrevia como 'el Colo' y, ya más poéticamente, también es conocido como 'el Eterno Campeón' o 'el Popular'.

1.

2.

3.

UNIVERSIDAD DE CHILE

Universidad de Chile. en 1935

El otro gran equipo de Chile es también de Santiago: se trata del Universidad de Chile. Los antecedentes del equipo hay que hallarlos a finales del siglo XIX, con alumnos de instituciones educativas de Santiago, y a principios del siglo XX, cuando se crearon los primeros clubes al albur de la Universidad de Chile, pero la fundación oficial del club data del 24 de mayo de 1927. Fue en esta fecha cuando se fusionaron dos clubes, el Club Náutico y el Federación Universitaria. El equipo estuvo vinculado a la Universidad

de Chile hasta el año 1980. Pese a desvincularse de la institución educativa, sigue manteniendo el nombre.

Atuendo: El primer uniforme del club estaba formado por camiseta blanca y pantalón azul. Este era el uniforme del Internado FC, uno de los clubes de los que el Universidad es heredero. En 1934, el equipo adopta para su camiseta el azul, el color de la Universidad y el pantalón pasa a ser blanco. A finales de la década de los 50, el pantalón pasa también a ser azul, esquema que se ha mantenido hasta ahora.

Emblema: Desde 1934, los jugadores lucen en su pecho una 'U' roja, con la tipografía típica de las universidades estadounidenses. Pero el emblema del club es algo más complejo. El primer escudo era azul, hexagonal, con las letras CNU en su interior. En la parte superior, la cabeza de un chuncho en color rojo. El chuncho es una especie de mochuelo o lechuza endémico de Chile y Argentina y en el escudo del club simboliza la sabiduría (1). En 1930 el escudo se estrecha y las letras pasan a ser CNU (2) y en 1941 se queda sólo la 'U', con el mismo diseño que en la camiseta (3).

Rivalidades: Como hemos visto en el capítulo anterior, el Universidad de Chile protagoniza el clásico del fútbol chileno con el Colo-Colo. Su primer partido lo jugaron en 1935. Pero además de éste, el Universidad de Chile también disputa el llamado clásico universitario, que lo enfrenta al Universidad Católica. Este duelo está bastante más parejo, pero se decanta levemente a favor del Universidad de Chile, al menos en cuanto a número de victorias.

Estrellas de su historia: En la Universidad de Chile han jugado algunos de los más destacados futbolistas chilenos. Luis Musrri es el jugador con más partidos de la historia del club. Carlos Campos es el máximo goleador histórico del equipo. Junto a ellos cabe destacar estrellas

como Leonel Sánchez, Marcelo Salas, José Rojas o, más recientemente, Eduardo Vargas.

Apodos: En Chile, el club es conocido como 'la U', como el emblema que luce en su pecho. Por el animal de su escudo, también es conocido com 'el Chuncho'. Otro animal que sirve como mote es el de 'León', nacido en los años 70 por la garra de los jugadores del equipo. Al club también se le conoce como 'el Bulla', nombre que procede de la ruidosa hinchada del equipo. Otro curioso mote es el de 'Romántico Viajero', que tiene su origen en la primera estrofa del himno del equipo. Mucho más prosaico es el mote 'Azules', que no merece más explicación que el color de las camisetas del equipo.

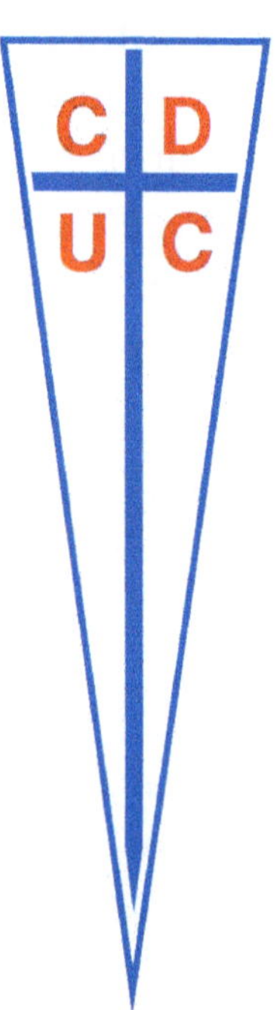
C D
U C

UNIVERSIDAD CATÓLICA

Formación de la Universidad Católica en 1939

El tercer gran equipo chileno es también un club vinculado a la enseñanza superior. Se trata del Club Deportivo Universidad Católica. En 1908 encontramos la primer referencia al club, como Universidad Católica F. C., vinculado, en efecto, a la Pontificia Universidad Católica de Chile. Ese año, el equipo se adscribió a la recién nacida Asociación Nacional de Football. Posteriormente, en la década de los años 20, la institución universitaria decide crear un club deportivo para englobar a los diferentes equipos que competían con el nombre de la Universidad, y nace con fecha de 30 de agosto de 1927. Desde ese momento, el equipo empieza a disputar partidos amistosos de carácter amateur. En 1930, el equipo de fútbol se integra en el Club Universitario de Deportes,

pero en 1936, el Universidad Católica se escinde y el 21 de abril de 1937 se funda oficialmente y para siempre, con el nombre de Club Deportivo Universidad Católica.

Atuendo: En 1909, en el primer partido no oficial del club (anterior, como hemos visto, a su fundación oficial), el equipo vistió de verde. En los primeros años de vida del equipo, antes de su fundación oficial, el club vistió de rojo, de celeste y de blanco, hasta que en 1930 se adoptan los colores del escudo: blanco, azul y rojo. Así, inspirándose en el emblema, el equipo adopta una camiseta blanca con una franja central azul, pantalón azul y medias que, dependiendo de la época, fueron grises, azules y blancas a franjas, negras o blancas.

Emblema: El escudo del equipo es un triángulo invertido blanco, con una cruz azul en el centro y las letras CDUC rodeando el crucifijo. La creación de este emblema, que data de 1927, está muy bien documentada. El propio arzobispo de Santiago de la época, Crescente Errázuriz, explicó que el blanco simbolizaba la pureza de la verdad, de la moral y de la vida. La cruz representaba a Cristo y era azul como el cielo, mientras que las letras son rojas "como empapadas en la sangre divina que redime, purifica y da plenitud a la vida". Además, el propio arzobispo destacó que el escudo contiene los colores de la bandera de Chile.

Rivalidades: No es sorprendente que el gran rival del CD Universidad Católica sea la 'U' o Universidad de Chile. Ambos disputan el llamado clásico universitario, cuyo primer choque data de 1909, si bien el primer partido oficial se produjo en el año 1939. Curiosamente, y a pesar de la rivalidad entre ambas escuadras, en algunas ocasiones los clubes se unieron para formar un combinado universitario. La primera vez que lo hicieron fue precisamente en 1939 y la última, en 1974.

Estrellas de su historia: Una de las primeras estrellas del club fue el portero Sergio Livingstone, cuyo padre, Juan, jugó en el germen del equipo en 1909. Mario Lepe, Andrés Romero y Nelson Parraguez son los futbolistas con más partidos en la historia del club. Por su parte, Rodrigo Barrera, Raimundo Infante y Alberto Fouillioux con los máximos anotadores del equipo a lo largo de sus más de 80 años de vida. Cristián Álvarez, el arquero argentino José María Buljubasich o Milovan Mirosevic son estrellas más recientes.

Apodos: Al equipo se le conoce como 'Los Cruzados', por su emblema. Por su parte, es en el uniforme del equipo donde hallamos el origen del apelativo de 'La Franja'. Relativos al nombre son 'Cato' (abreviación de 'Católica') y la 'UC'.

URUGUAY

PEÑAROL

El Peñarol, en una postal de 1905

Hay pocos países en el planeta Tierra que tengan una desproporción tan grande entre su tamaño y población y sus éxitos y pasión por el fútbol. Nos referimos a Uruguay, país en el que dos clubes sobresalen por encima de todos. Peñarol y Nacional. El primero tiene sus orígenes en el año 1891. Empleados de la compañía ferroviaria inglesa Central Uruguay Railway Company de Montevideo fueron quienes impulsaron el nacimiento del equipo. Con las siglas de la compañía (se añadió una 'C' por 'cricket', otro deporte que practicaban los empleados), el CURCC disputó los primeros partidos históricos del club y fue uno de los fundadores

de la liga uruguaya. En 1913 el equipo pasa a llamarse CURCC Peñarol (porque la sede de la empresa estaba en el barrio del mismo nombre de Montevideo), y preserva las iniciales pese a desvincularse de la empresa ferroviaria. Finalmente, en 1914 nace el Club Atlético Peñarol. Ese mismo año se disuelve el CURCC y aquí nace una polémica muy común en Uruguay: la de si se debe tomar como año de nacimiento del actual club el 1891 o el 1913.

Atuendo: La Central Uruguay Railway Company adoptó para sus equipos deportivos los colores dorado y negro. Estos colores eran en los que estaba pintado *The Rocket*, una locomotora inventada en 1829 y que era la que usaba la CURC. La primera camiseta del CURCC usaba estos colores, pero dispuestos en cuatro cuadros, no a rayas como ahora. Esta disposición, la de las barras verticales amarillas (de hecho, un tono más claro que el original) y negras, se empezó a usar de manera definitiva a partir de 1911, con muy pocas variaciones desde entonces.

Emblema: En 1891, el escudo constaba de las letras CURCC en amarillo sobre fondo negro. No fue hasta 1911 cuando se estrenó un escudo más parecido al actual: 9 franjas amarillas y negras y en la parte superior, una estrella, que pasaron a ser once (por los once jugadores de campo) en 1936. En 1942 volvió el diseño de solo una estrella y en 1967 se añadió el nombre del equipo. En 1987 regresó el modelo con las 11 estrellas, que se ha mantenido hasta ahora excepto algunos retoques en cuanto a la forma del escudo y a la inclusión o no del nombre del equipo bajo las estrellas.

Rivalidades: La de Peñarol con Nacional está considerada la rivalidad más antigua del mundo fuera de las islas británicas. Ambos equipos montevideanos protagonizan el llamado superclásico del fútbol uruguayo, que se remonta hasta el año 1900. Entre ambos equipos han ganado más del 80% de los títulos uruguayos de la historia. Tras más de 500 partidos entre ellos, Peñarol tiene un saldo superior de victorias, tanto en competición local como en competición continental. A este respecto, es el clásico más visto en la Libertadores.

Estrellas de su historia: A lo largo de la historia de Peñarol, destacados jugadores han formado parte de su plantel, desde los míticos porteros Ladislao Mazurkiewicz o Roque Maspoli, defensas como Pablo Forlán o Elías Figueroa o medios como José Leandro Andrade y su sobrino Víctor, Obdulio Varela, Néstor Goçalves o Alcides Ghiggia hasta delanteros como Juan Schiaffino, Fernando Morena o Alberto Spencer.

Apodos: Peñarol es el equipo 'Aurinegro', por sus colores, pero también son los 'Carboneros', por su origen ferroviario o 'Mirasoles', por sus colores y en referencia a la flor. Pero sin duda, el apodo más curioso es el de *Manyas*. Su origen está en 1912, cuando Carlos Scarone, jugador del equipo, se va a Boca Juniors y en 1914 recala en el Nacional. El padre de Carlos, un italiano acérrimo hincha de Peñarol se lo reprocha a su vástago, que le responde: "¿A qué me iba a quedar? ¿A *mangiare merda* ('comer mierda', en italiano)?". Al año siguiente, tras un duro clásico entre ambos equipos en el que ganó Peñarol, Carlos Scarone reprochó a su rival Manuel Varela su duro marcaje y le dijo: "Jueguen ustedes, que son unos *manyas*". Desde entonces, los jugadores e hinchas del Aurinegro adoptaron con orgullo tan curioso calificativo.

C.N. de F.

NACIONAL

El Nacional, en 1905

El otro gran equipo uruguayo es el Nacional. Fue fundado en Montevideo el 14 de mayo de 1899, cuando un grupo de estudiantes quiso formar un club en Uruguay sin la influencia de británicos, como era el denominador común hasta el momento. Estos chicos, más dos clubes fusionados, el Uruguay Athletic Club y el Montevideo Football Club, forman el Club Nacional de Football, considerado el primer club criollo de América.

Atuendo: En los estatutos del club se dice que los colores del mismo deben ser los de la bandera de uno de los padres de Uruguay, José Gervasio Artigas, es decir, azul, blanco y rojo. La primera disposición es camiseta roja con cuello azul y pantalón azul. En 1902 se aprueba el cambio de uniforme, para no coincidir con otro equipo local, el Albion, y por los problemas que daba el rojo a la hora de lavarlo. Se adopta el blanco para la camiseta, con un bolsillo, pantalón azul y fajín rojo. En los 50 se abandonan el fajín y el bolsillo de la camiseta y el club adopta el esquema actual: camiseta blanca y pantalón y medias azules, con detalles en rojo en todas las prendas. De manera alternativa, el Nacional también viste con frecuencia un uniforme enteramente blanco.

Emblema: Tanto el escudo como la bandera, como en el caso del uniforme, responden al homenaje a los colores de José Gervasio Artigas. En ambos elementos el esquema es el mismo: fondo azul, franja diagonal blanca y en ella, con letras rojas, "C. N. de F", esquema que ha permanecido prácticamente invariable desde su creación.

Rivalidades: Como hemos visto en el capítulo anterior, Nacional es uno de los protagonistas del superclásico uruguayo, que le enfrenta a Peñarol. El propio concepto generador de Nacional fomenta la rivalidad con el *Manya*, porque representa al fútbol local frente al extranjero, si bien son conceptos muy diluidos ya con el transcurso del tiempo.

Estrellas de su historia: Entre las grandes estrellas de la historia de Nacional podemos destacar a José Nasazzi, defensa que capitaneó a la Uruguay que ganó el primer Mundial de la historia; Schubert Gambetta, el temible Montero Castillo, Romano, Cea y Scarone (tam-

bién campeones del mundo), el 'manco' Héctor Castro o más recientemente, Luis Suárez, Rubén Sosa o Álvaro Recoba son otros de los grandes nombres del club.

Apodos: Por el color de la camiseta, los de Nacional son los 'Albos'. Por el bolsillo que llevaban sus uniformes en sus orígenes son también los 'Bolsos' o 'Bolsilludos'. Se llama también 'Decano', por la fecha de su nacimiento y considerando que el nacimiento oficial de Peñarol es posterior. Los jugadores de Nacional son también los 'Tricolores', por sus colores originales.

PARAGUAY

CLUB
OLIMPIA
CLUB

OLIMPIA

César Mena Porta (primero de la izquierda) fue el gran capitán del equipo campeón del año 1912.

Formación de Olimpia en 1912

En Paraguay encontramos un gran equipo, el más laureado del país, que además fue tres veces campeón de América y una vez campeón del mundo: el Olimpia. Nació en 1902 gracias a William Paats, un neerlandés afincado en el país guaraní que está considerado como el introductor del fútbol en Paraguay. Este pionero y otros amigos barajaron cuál sería el primer nombre del club. Se descartó llamarlo

Paraguay o Esparta y, a propuesta de Paats, se aprobó llamarlo Olimpia, en honor a la ciudad donde se celebraban los Juegos Olímpicos de la antigüedad.

Atuendo: El primer uniforme del club estaba formado por camiseta negra y pantalón blanco, con la palabra 'OLIMPIA' escrita en blanco en el pecho. Los colores blanco y negro se mantuvieron, pero cambió el diseño. El origen del mismo es muy curioso. Tenía William Paats una taza blanca con una franja negra que había traído de su Rotterdam natal y a la que le tenía mucho apego, porque se la había mandado su madre en su equipaje cuando emigró a América. Por eso, decidió que el Olimpia podría tener un uniforme con un diseño similar: blanca con una franja negra. Desde entonces, esta ha sido la indumentaria habitual del club.

Emblema: El escudo del Olimpia no ha sufrido grandes variaciones desde su nacimiento. Se trata de un sello en blanco y negro. En la parte central hay una franja negra con el nombre del club en blanco y tras la franja, ocupando casi toda la superficie del fondo, la palabra 'Club'.

Rivalidades: El Olimpia de Asunción disputa el superclásico del fútbol paraguayo con el Cerro Porteño, también de la capital. Es un duelo de más de un siglo de antigüedad, ya que el primer partido se remonta a 1913. Aunque el palmarés del Olimpia es superior, en los enfrentamientos directos hay bastante igualdad.

Estrellas de su historia: Porteros como Éver Hugo Almeida o el 'Mono' Tavarelli; defensas como

Cáceres, Lezcano o Delgado; medios como Paredes, Gausch o Talavera y atacantes como Amarilla, Aurelio González o Diarte son algunos de los nombres más destacados de la historia del club.

Apodos: Al Olimpia se le conoce como ‘La O’, por su nombre. También es el ‘Decano’, por ser el más antiguo del país. Otros apodos son los de ‘Franjeado’, por su uniforme, o ‘Rey de Copas’, por su palmarés.

México

C
A

AMÉRICA

El América de México en 1924-1925

El populoso México, uno de los pocos países que ha acogido dos Copas del Mundo (y que será el primero en acoger tres en 2026) tiene también una gran tradición de fútbol de clubes. Uno de los grandes equipos mexicanos es el Club América. Como tantos otros clubes, el América tiene raíces estudiantiles. En la década de los 10 del siglo XX, los alumnos de dos colegios del DF, La Perpetua y Mascarones, unieron sus fuerzas para crear un equipo de fútbol. La reunión fundacional tuvo lugar el 12 de octubre de 1916 y a propuesta de uno de los fundadores, aceptaron llamarse América, en parte por la coincidencia de la fecha de génesis del club con el descubrimiento. Al año siguiente fueron aceptados en

la liga mexicana. Posteriormente, entre 1918 y 1920 el club pasó a llamarse Centro Unión, pero recuperó su viejo nombre hasta la actualidad.

Atuendo: Los colores originales de este equipo eran el crema y el azul marino. Son los colores que eligió Rafael Garza Gutiérrez, uno de los fundadores del club. Los sacó del armario de su padre: una vieja camisa del Colegio Mascarones, de color crema, y unos pantalones azul marino. En la década de los 80, el crema pasó directamente al amarillo y esta tonalidad se ha mantenido hasta que en la última década, el crema o al menos un amarillo más pálido ha vuelto a usarse como color principal.

Emblema: El primer escudo del club consistía en una circunferencia color crema con una 'C' y una 'A' entrelazadas, de color azul. En 1918, con el cambio de nombre a Centro Unión, las letras del emblema pasaron a ser la 'C' y la 'U'. Ese mismo año se usó otra versión: la circunferencia, en cuya mitad superior se leía 'Centro' y en la inferior, 'Unión'. En 1920, recuperado el nombre de Club América, se adoptó un modelo que ya recuerda al emblema actual: una esfera color crema, con el mapa del continente americano en la parte central y a cada lado, una 'C' y una 'A'. En los años 40 este esquema se encuadró en un un triángulo donde destacaba un águila, pero en 1950 se recuperó de nuevo la circunferencia simple, se le añadieron unas finas líneas como las de un balón y desde entonces se ha mantenido, con ligeras variaciones, como la ubicación exacta del mapa americano o los colores del fondo.

Rivalidades: El América disputa con el Chivas de Guadalajara el llamado clásico de clásicos o clásico nacional. La rivalidad entre ambos trasciende lo deportivo y es una encarnación de la rivalidad entre la capital del país y las provincias. El América representa a los ricos, mientras que Chivas mantiene un perfil diferente que, por ejemplo, le lleva a mantener una política de fichajes en la que no se contempla contratar a ningún futbolista que no sea mexicano. En la actualidad, los clubes también representan a dos de los grandes grupos empresariales del país: el América pertenece a Televisa y Chivas a Omnilife.

Estrellas de su historia: Algunos de los mejores jugadores de la historia de México han vestido la camiseta del América. Porteros como Zelada o el 'Memo' Ochoa; defensores como Tena, Garza o Cornero; medios como Cristóbal Ortega o Carlos Reinoso o delanteros como Cuauhtémoc Blanco o Luis Roberto Alves 'Zague' son algunos de los más destacados jugadores del club.

Apodos: Por los colores de su uniforme, al América se le conoce como los 'Cremas' o 'Azulcremas'. El apelativo de 'Millonetas' procede de la fama de ser el club más rico del país. Pero el más popular de todos los apodos es el de 'Águilas'. Este ave ya asomó por el escudo de club en los años 40, pero el apodo se popularizó en los 80 por iniciativa de los dirigentes del equipo, que quisieron adoptar un apodo que transmitiera la idea de poder.

CLUB DEPORTIVO GUADALAJARA S.A. DE C.V.

CHIVAS

El CD Guadalajara, en 1908

El otro gran equipo mexicano lo encontramos en la ciudad de Guadalajara, en el estado de Jalisco. Se trata del Club Deportivo Guadalajara, más conocido como Chivas. Fueron un inmigrante belga llamado Edgar Everaert y uno francés llamado Calixte Gas los que impulsaron la creación de un club de fútbol en Guadalajara a principios del siglo XX. Ambos europeos trabajaban en unos grandes almacenes de la ciudad tapatía y de ellos salieron los primeros componentes de un club que nació el 8 de mayo de 1906 con el nombre de Unión Football Club. Dos años

después, el nombre cambió a Guadalajara Football Club, que más tarde pasaría a llamarse CD Guadalajara.

Atuendo: El primer uniforme del club, cuando se llamaba Unión FC, fue completamente blanco. En 1908, con el cambio de denominación, se adoptó la tradicional camiseta roja y blanca a franjas verticales con pantalón azul. Se cree que se eligieron esos colores a propuesta de Edgar Everaert, porque son los de la bandera de la ciudad de Brujas, de donde era originario, así como los colores que por aquel entonces lucía el FC Brugge. Que el azul, el blanco y el rojo sean también los colores de la bandera francesa, de donde era originario otro fundador del equipo, Calixte Gas, también pudo influir para adoptar este esquema.

Emblema: El primer emblema del club estaba formado por una C y una G (en la etapa del Unión FC no existía escudo) entrelazadas en color rojo (1). En 1923 se crea un emblema ya parecido la actual: se tomó el escudo de armas de la ciudad de Guadalajara y de fondo se puso una circunferencia con anillo azul en la parte exterior y el nombre de la ciudad y en la interior, barras rojas y blancas. Este esquema se ha mantenido casi invariable hasta la actualidad, con diversos cambios, como la adición de estrellas en la parte inferior del conjunto que simbolizan los títulos del club. En 2009, el dueño del club, Jorge Vergara, decidió someter al emblema a un rediseño que eliminaba los colores del escudo de armas de la ciudad (el gris del casco heráldico, el verde de la copa del árbol y el marrón del tronco) para estandarizarlos, 'pintándolo' todo de dorado. La fuerte oposición de la afición al cambio provocó que la medida se revirtiera un año después (2).

Rivalidades: Como hemos visto en el capítulo anterior, el gran rival de Chivas es el Club América, equipo con el que disputa en clásico de clásicos, también llamado clásico nacional. El balance de partidos ganados está levemente a favor del América, así como el de títulos ganados. Ambos clubes han estado siempre en la primera categoría del fútbol mexicano.

Estrellas de su historia: Como hemos visto en el capítulo anterior, el CD Guadalajara se caracteriza por no tener jugadores extranjeros (curiosamente, pese a que fue fundado por foráneos).

Por ello, muchos de sus futbolistas han sido destacados jugadores de la selección mexicana. Entre ellos podemos destacar nombres como los de Oswaldo Sánchez, Guillermo Sepúlveda, Fernando Quirarte, Ramón Ramírez, Ramón Morales, Omar Bravo (máximo goleador histórico del club), Salvador Reyes, Luis García o Javier 'Chicharito' Hernández.

Apodos: Pues como hemos estado viendo a lo largo de estos dos artículos, podemos decir que el de este club es uno de los pocos ejemplos en los que el mote del club es más famoso que el nombre oficial del mismo. ¿De dónde viene el apelativo de Chivas? Procede de la rivalidad entre el Guadalajara y el otro gran equipo de Jalisco, el Atlas. A finales de los 40, los del Atlas consideraban que su equipo jugaba mejor al fútbol, y calificaban a sus rivales como 'chivas brinconas' (una chiva es uno de los nombres que reciben las cabras). Los hinchas del Guadalajara, lejos de rechazarlo, adoptaron con orgullo el nombre y desde entonces quedó forjado para siempre. Derivado del mote de Chivas vienen otros como 'Chivas rayadas' o 'Rebaño sagrado'.

Colombia

ATLÉTICO NACIONAL

Atletico Nacional, en 1954

En el departamento colombiano de Antioquia está Medellín, y en esta ciudad encontramos al club más laureado de Colombia, el Atlético Nacional. Nació el 30 de abril de 1947. Años antes, un grupo de jóvenes del barrio de Buenos Aires, acostumbrado a jugar en las calles, creó un club llamado Unión Foot-Ball Club en 1935. En 1943, este club se fusionó con otro llamado Indulana, naciendo el Unión Indulana FC, hasta que en 1947, por iniciativa del expresidente de la Liga Antioqueña de Fútbol, que pretendía impulsar el deporte en Medellín a través de un club potente de fútbol, el Unión Indulana se convirtió en el Atlético Municipal de Medellín, que en 1950 pasó a llamarse como ahora, Atlético Nacional.

Atuendo: En la etapa del Unión Foot-Ball Club, el equipo vestía camiseta blanca con pantalón rojo. Cuando se fusionó con el Indulana, la camiseta pasó a ser roja y verde a dos mitades. Desde 1947 se adoptan el verde y el blanco como colores oficiales, puesto que son los dos colores de la bandera de Antioquia. Al principio el esquema fue camiseta blanca y pantalón verde, y a mediados de los 50 lo que fue verde fue la camiseta, hasta que en el año 1973 se adoptaron las barras verticales verdiblancas, que no se han abandonado prácticamente nunca desde entonces.

Emblema: El primer escudo fue de la Unión Indulana. Constaba de un triángulo invertido cuya parte inferior derecha contiene una franja verde. Sobre ésta, las iniciales del club y una pelota muy esquemática. Tras este conjunto, seis barras (tres a cada lado) a modo de alas. En 1947, con la denominación oficial, el escudo se simplifica y pasa a ser un pentágono verde invertido con una franja blanca que lo cruza en diagonal, circunscrito por una línea verde. En 1950 al conjunto se le añade en su parte superior una torre (que existe en el escudo de armas de Medellín) y el pentágono se divide en dos partes, una blanca y otra verde. Entre 1954 se añadió al interior del conjunto el nombre del equipo, pero a partir de 1993, se eliminó el nombre y al pentágono interior se le añade una 'A' blanca (sobre la parte verde) y una 'N' verde (sobre la parte blanca).

Rivalidades: El Atlético Nacional disputa el llamado clásico 'paisa' con el otro gran equipo de la ciudad, el Independiente de Medellín. Tras más de 300 partidos, el balance de victorias y títulos es favorable a los verdiblancos. Otra rivalidad, de hecho la más grande de Colombia, la vive con el América de Cali, el otro club con más seguidores en el país. Este duelo está mucho más igualado. Por último, el Atlético Nacional también tiene rivalidades con Millonarios y con el Once Caldas.

Estrellas de su historia: Algunos de los mejores jugadores de Colombia vistieron de verdiblanco: René Higuita, Leonel Álvarez, el Tino Asprilla, Víctor Hugo Aristizábal, David Ospina, Andrés Escobar, Gilberto Osorio, Alexis García, Raúl Navarro, John Jairo

Tréllez o más recientemente, el arquero argentino Franco Armani o Alexis Henríquez.

Apodos: Por su palmarés, el Atlético Nacional es 'el Rey de Copas'. Por su uniforme es conocido como 'el Verde', 'La Máquina verde' o 'el Verde paisa' ('paisa' es un calificativo usado para denominar a los habitantes de Antioquia, Caldas, Risaralda y zonas cercanas), así como 'el Verde de la montaña' (Antioquia es una región montañosa). En los 80 también fueron llamados 'Los Puros Criollos', por apostar por talento nacional casi exclusivamente.

América

AMÉRICA DE CALI

El America de Cali, en 1933

El otro gran equipo colombiano es el América de Cali. Fue fundado el 13 de febrero de 1927 y sus orígenes hay que encontrarlos en colegios privados de la ciudad, cuyos alumnos desarrollaron la práctica del fútbol en la zona. El nombre de América se cree que procede del América Football Club, equipo brasileño. En su primer año de existencia ganó su primer título.

Atuendo: Antes de su fundación oficial, el equipo vestía una camiseta a franjas celestes y blancas, en honor al Racing argentino. Cuando fue fundado en 1927 se adoptó el rojo para la camiseta, primero con pantalón blanco y después totalmente rojo, a partir de 1931. Sobre los orígenes de este color, se cree que también proceden del América brasileño.

Emblema: El escudo del club aparece en 1940 y ha tenido pocas variaciones desde entonces. Este particular emblema representa a un diablo rojo con tridente, y un balón. El origen del escudo (y también el apodo) está en una crónica periodística del prestigioso medio argentino *El Gráfico* en los comienzos del club, que decía que "los negritos del América parecen unos diablos rojos". Este apelativo cuajó entre la afición del equipo y de ella nació el diseño del escudo, apenas invariado a lo largo de los años, y el mote más destacado del equipo.

Rivalidades: El América disputa varios clásicos a lo largo de la temporada. El más local es el llamado clásico vallecaucano, que lo enfrenta al Deportivo Cali. Curiosamente, pese a ser más laureado a nivel nacional el América, en duelos directos tiene mejor balance el Deportivo Cali. Como vimos en el capítulo anterior, la rivalidad entre el América de Cali y el Atlético Nacional es la más potente de Colombia, también muy pareja, y que destaca sobre todo desde la década de los 80, cuando ambos equipos empezaron a estar en sus sendos apogeos. Existe también rivalidad entre el América y el Millonarios, en tanto son el tercer y segundo equipo más laureados del país. Como curiosidad, cabe destacar el duelo con el Independiente Santa Fe, que se debe sobre todo a que ambos clubes visten de rojo.

Estrellas de su historia: Alex Escobar, Antony de Ávila y Luis Eduardo Reyes son los jugadores con más partidos de la historia del club. En cuanto a los máximos goleadores históricos, son De Ávila, el argentino Cáceres y el paraguayo Battaglia. Otros jugadores destacados de la historia del club son Freddy Rincón, Ricardo Gareca, Julio César Falcioni o Jairo Castillo.

Apodos: El mote más común del club, como hemos visto antes, es el de 'Diablos Rojos'. Por sus colores, el América también es 'el Rojo' o 'Los Escarlatas'. El América también es 'La Mechita'. El origen de este apodo es peculiar; en los años 40, el club no tenía apenas camisetas de recambio y uno de sus jugadores dijo: "Nos tocó ponernos la misma *mechita* de siempre".

MILLONARIOS

Millonarios, como Club Municipal de Deportes, en 1937

En la capital de Colombia, Bogotá, encontramos al segundo equipo más laureado de Colombia, si bien sus éxitos se deben a épocas pretéritas. Se trata de un club con un curioso nombre: Millonarios Fútbol Club. Nació en 1938 en el Colegio Mayor de San Bartolomé y su primer nombre fue Juventud Bogotana. En 1932 recibe el apoyo de las autoridades y se convierte en el Club Municipal de Deportes. La denominación cambia algunas veces más: Municipal Deportivo y Municipal Deportivo Independiente, hasta que en 1946 pasa a llamarse Club Deportivo Los Millonarios, a raíz de un mote

que había nacido en 1939 con motivo de la llegada de tres jugadores argentinos de altos honorarios, y la posterior exigencia del resto de futbolistas locales de cobrar mejores salarios.

Atuendo: El primer uniforme del club fue camiseta blanca y pantalón negro, que correspondían a los colores que tenía entonces la bandera oficial de la ciudad de Bogotá. En 1939, cuando el club se desvinculó del consistorio bogotano, se adoptaron camisetas y pantalones azules en honor del club argentino Tigre, del que el entrenador del equipo, Fernando Paternoster, era hincha. Poco después, el pantalón pasó a ser blanco. Este esquema se ha mantenido hasta la actualidad.

Emblema: El primer escudo del club era el mismo que el de la ciudad: un águila negra sobre fondo blanco. En 1940 se adopta un escudo con forma de olla dividido diagonalmente en dos partes, una azul con dos aros blancos entrelazados y una blanca con las letras 'C' y 'M' en azul. En 1947 las letras se convirtieron en una sola 'M' (de Millonarios) y así ha permanecido hasta la actualidad, con ligeras actualizaciones a lo largo del tiempo.

Rivalidades: A nivel local, Millonarios disputa contra Independiente Santa Fe el llamado clásico bogotano. Con el nombre de clásico añejo se conoce al duelo entre Millonarios y Deportivo Cali, por ser equipos que vivieron sus mejores épocas hace décadas. Como hemos visto antes, Millonarios, como segundo equipo más laureado de la historia de Colombia, es rival directo de América de Cali y de Atlético Nacional, disputando con ellos partidos de intensa rivalidad. A nivel internacional, tiene una curiosa rivalidad con los argentinos de River Plate, el otro club conocido con el apodo de 'Millonarios'.

Estrellas de su historia: Sin el menor género de dudas, el mejor jugador de la historia de Millonarios es el hispano-argentino Alfredo di Stéfano, que lució la casaca azul entre 1949 y 1953, antes de dar el salto al Real Madrid. Alfredo Castillo, Delio Gamboa, Wellington Ortiz, Arnoldo Iguarán o Jhon Jairo Ramírez son otros de los nombres destacados de la historia del club bogotano.

Apodos: El apodo más conocido del club es el de 'Ballet Azul', ganado en los años 50 por el buen juego del equipo. También se les conoce como 'Embajadores', porque en los años 50, el club solía concentrarse en el hotel Embajador de Bogotá. Derivado de su nombre está el apodo de 'Millo', mientras que los apelativos de 'Azules' o 'Albiazules' no merecen mayor explicación.

AGRADECIMIENTOS

Este libro no hubiera sido posible sin la ayuda (antes, durante y después del proceso de creación) de Alberto Cosín y aquel mensaje directo, y nunca mejor dicho, en Twitter. No puedo tampoco dejar de dar las gracias a Mauro y Lucho Medvetkin, de LIBROFUTBOL.com, por su gestión del proyecto, por su paciencia y por hacer tan fácil la comunicación pese a tener más de 10.000 kilómetros y un océano de separación entre nosotros.

Quiero agradecer su ayuda desinteresada a Christine Walther, la responsable de Historia y Archivo del Schalke 04 FC. También quiero dar las gracias a Paula C. Pulido, del Museo del Sporting de Portugal.

Me gustaría reconocer especialmente la amabilidad de Carlos Romero y Fernando Gallego, del Sevilla FC, así como también la ayuda que me prestaron los valencianistas de pro José Luis Obrador y José Ricardo March, y a Loles Ruiz, responsable de Patrimonio Histórico del Valencia CF. En general, quisiera dar las gracias a los departamentos de comunicación de los clubes de los que hablo en esta obra.

Caben también en estos agradecimientos Miguel Gutiérrez (@lalibreta), el personal de la Biblioteca Regional de Murcia —el lugar donde la mayoría de este libro fue creado—, y por supuesto, por todo y como siempre, a mi mujer Nuria y a mi hija Cristina.

SOBRE EL AUTOR

Eduardo Casado Cerrato nació en Murcia en 1980. Es licenciado en Periodismo por la Universidad Católica de Murcia. Ha desempeñado su profesión en los diarios El Faro de Murcia y El Faro de Cartagena, y en 20Minutos, tanto en su versión de papel como en digital, donde actualmente trabaja. Es autor del blog Qué Fue De. La web de los deportistas olvidados, activo desde el año 2007. Colabora también con la emisora Onda Regional de Murcia. En 2018 fue finalista del Concurso de Relatos del Mar Menor. Vive a caballo entre Madrid y su Murcia natal y Génesis del fútbol es su primer libro.

www.ingramcontent.com/pod-product-compliance
Ingram Content Group UK Ltd.
Pitfield, Milton Keynes, MK11 3LW, UK
UKHW021831270726
14058UKWH00001B/94

9 789873 979965